TRANZLATY

La lingua è per tutti

Język jest dla każdego

Il richiamo della foresta

Zew krwi

Jack London

Italiano / Polsku

Nel primitivo
Do prymitywu

Buck non leggeva i giornali.
Buck nie czytał gazet.
Se avesse letto i giornali avrebbe saputo che i guai si stavano avvicinando.
Gdyby czytał gazety, wiedziałby, że szykują się kłopoty.
Non erano guai solo per lui, ma per tutti i cani da caccia.
Kłopoty dotyczyły nie tylko jego, ale i każdego psa wodnego.
Ogni cane con muscoli forti e pelo lungo e caldo sarebbe stato nei guai.
Każdy pies o silnych mięśniach, ciepłej i długiej sierści będzie miał kłopoty.
Da Puget Bay a San Diego nessun cane poteva sfuggire a ciò che stava per accadere.
Od Puget Bay do San Diego żaden pies nie mógł uciec przed tym, co nadchodziło.
Gli uomini, brancolando nell'oscurità artica, avevano trovato un metallo giallo.
Mężczyźni, błądząc w arktycznej ciemności, znaleźli żółty metal.
Le compagnie di navigazione a vapore e di trasporto erano alla ricerca della scoperta.
Odkryciem tym interesowały się firmy żeglugowe i transportowe.
Migliaia di uomini si riversarono nel Nord.
Tysiące ludzi ruszyło na Północ.
Questi uomini volevano dei cani, e i cani che volevano erano cani pesanti.
Ci mężczyźni chcieli psów i psy, których chcieli, były ciężkie.
Cani dotati di muscoli forti per lavorare duro.
Psy o silnych mięśniach, dzięki którym mogą ciężko pracować.
Cani con il pelo folto che li protegge dal gelo.
Psy z futrzaną sierścią chroniącą je przed mrozem.

Buck viveva in una grande casa nella soleggiata Santa Clara Valley.

Buck mieszkał w dużym domu w słonecznej Dolinie Santa Clara.

La casa del giudice Miller era chiamata così.

Dom sędziego Millera nazywano jego domem.

La sua casa era nascosta tra gli alberi, lontana dalla strada.

Jego dom stał z dala od drogi, częściowo ukryty wśród drzew.

Si poteva intravedere l'ampia veranda che circondava la casa.

Można było dostrzec fragment szerokiej werandy otaczającej dom.

Si accedeva alla casa tramite vialetti ghiaiosi.

Do domu prowadziły żwirowe podjazdy.

I sentieri si snodavano attraverso ampi prati.

Ścieżki wiły się przez rozległe trawniki.

In alto si intrecciavano i rami degli alti pioppi.

Nad naszymi głowami przeplatały się gałęzie wysokich topoli.

Nella parte posteriore della casa le cose erano ancora più spaziose.

W tylnej części domu było jeszcze przestronniej.

C'erano grandi scuderie, dove una dozzina di stallieri chiacchieravano

Były tam duże stajnie, w których rozmawiało kilkunastu stajennych

C'erano file di cottage per i servi ricoperti di vite

Stały tam rzędy domków dla służby porośniętych winoroślą

E c'era una serie infinita e ordinata di latrine

I była tam nieskończona i uporządkowana kolekcja ubikacji

Lunghi pergolati d'uva, pascoli verdi, frutteti e campi di bacche.

Długie winnice, zielone pastwiska, sady i pola jagodowe.

Poi c'era l'impianto di pompaggio per il pozzo artesiano.

Następnie znajdowała się tam stacja pompująca wodę do studni artezyjskiej.

E c'era la grande cisterna di cemento piena d'acqua.

A tam był wielki cementowy zbiornik wypełniony wodą.

Qui i ragazzi del giudice Miller hanno fatto il loro tuffo mattutino.

Oto synowie sędziego Millera biorący poranny prysznic.

E lì si rinfrescavano anche nel caldo pomeriggio.

I tam też mogli się ochłodzić w upalne popołudnie.

E su questo grande dominio, Buck era colui che lo governava tutto.

A nad całym tym wielkim terytorium rządził Buck.

Buck nacque su questa terra e visse qui tutti i suoi quattro anni.

Buck urodził się na tej ziemi i mieszkał tutaj przez wszystkie cztery lata.

C'erano effettivamente altri cani, ma non avevano molta importanza.

Owszem, były też inne psy, ale tak naprawdę nie miały one większego znaczenia.

In un posto vasto come questo ci si aspettava la presenza di altri cani.

W tak ogromnym miejscu spodziewano się innych psów.

Questi cani andavano e venivano oppure vivevano nei canili affollati.

Te psy przychodziły i odchodziły, albo mieszkały w zatłoczonych kojcach.

Alcuni cani vivevano nascosti in casa, come Toots e Ysabel.

Niektóre psy mieszkały w ukryciu w domu, tak jak Toots i Ysabel.

Toots era un carlino giapponese, Ysabel una cagnolina messicana senza pelo.

Toots był japońskim mopsem, a Ysabel meksykańskim psem bez sierści.

Queste strane creature raramente uscivano di casa.

Te dziwne stworzenia rzadko wychodziły poza dom.

Non toccarono terra né annusarono l'aria esterna.

Nie dotykały ziemi, ani nie wąchały powietrza na zewnątrz.

C'erano anche i fox terrier, almeno una ventina.

Były tam również foksteriery, w liczbie co najmniej dwudziestu.

Questi terrier abbaiavano ferocemente a Toots e Ysabel in casa.

Te teriery szczekały zawzięcie na Toots i Ysabel, gdy były w domu.

Toots e Ysabel rimasero dietro le finestre, al sicuro da ogni pericolo.

Toots i Ysabel pozostały za oknami, bezpieczne od niebezpieczeństwa.

Erano sorvegliati da domestiche armate di scope e stracci.

Strzegły ich pokojówki z miotłami i mopami.

Ma Buck non era un cane da casa e nemmeno da canile.

Ale Buck nie był psem domowym, ani też nie był psem trzymanym w kojcu.

L'intera proprietà apparteneva a Buck come suo legittimo regno.

Cała posiadłość należała do Bucka i była jego prawowitym królestwem.

Buck nuotava nella vasca o andava a caccia con i figli del giudice.

Buck pływał w akwarium lub chodził na polowanie z synami sędziego.

Camminava con Mollie e Alice nelle prime ore del mattino o tardi.

Spacerował z Mollie i Alice wczesnym rankiem lub późnym wieczorem.

Nelle notti fredde si sdraiava davanti al fuoco della biblioteca insieme al giudice.

W chłodne noce leżał przed kominkiem w bibliotece z Sędzią.

Buck accompagnava i nipoti del giudice sulla sua robusta schiena.

Buck na swoim silnym grzbiecie woził wnuków sędziego.

Si rotolava nell'erba insieme ai ragazzi, sorvegliandoli da vicino.

Tarzał się w trawie z chłopcami, pilnując ich czujnie.

Si avventurarono fino alla fontana e addirittura oltre i campi di bacche.

Wybrali się do fontanny i przeszli obok pól jagodowych.

Tra i fox terrier, Buck camminava sempre con orgoglio regale.

Wśród foksterierów Buck zawsze kroczył z królewską dumą.

Ignorò Toots e Ysabel, trattandoli come se fossero aria.

Zignorował Toots i Ysabel, traktując je jak powietrze.

Buck governava tutte le creature viventi sulla terra del giudice Miller.

Buck sprawował władzę nad wszystkimi istotami żyjącymi na ziemi sędziego Millera.

Dominava gli animali, gli insetti, gli uccelli e perfino gli esseri umani.

Panował nad zwierzętami, owadami, ptakami, a nawet ludźmi.

Il padre di Buck, Elmo, era un enorme e fedele San Bernardo.

Ojciec Bucka, Elmo, był wielkim i lojalnym bernardynam.

Elmo non si allontanò mai dai Giudice e lo servì fedelmente.

Elmo nigdy nie odstępował Sędziego i wiernie mu służył.

Buck sembrava pronto a seguire il nobile esempio del padre.

Wydawało się, że Buck był gotowy pójść w ślady ojca.

Buck non era altrettanto grande: pesava sessanta chili.

Buck nie był aż tak duży, ważył sto czterdzieści funtów.

Sua madre, Shep, era una splendida cagnolina da pastore scozzese.

Jego matka, Shep, była wspaniałym szkockim owczarkiem.

Ma nonostante il suo peso, Buck camminava con una presenza regale.

Ale nawet przy tej wadze Buck chodził z majestatyczną postawą.

Ciò derivava dal buon cibo e dal rispetto che riceveva sempre.

Wynikało to z dobrego jedzenia i szacunku, jakim zawsze się cieszył.

Per quattro anni Buck aveva vissuto come un nobile viziato.

Przez cztery lata Buck żył jak rozpieszczony szlachcic.

Era orgoglioso di sé stesso e perfino un po' egocentrico.

Był z siebie dumny, a nawet lekko egoistyczny.

Quel tipo di orgoglio era comune tra i signori delle campagne remote.

Tego rodzaju duma była powszechna wśród odległych właścicieli ziemskich.

Ma Buck si salvò dal diventare un cane domestico viziato.

Jednak Buck uchronił się przed zostaniem rozpieszczonym psem domowym.

Rimase snello e forte grazie alla caccia e all'esercizio fisico.

Dzięki polowaniom i ćwiczeniom zachował szczupłą i silną sylwetkę.

Amava profondamente l'acqua, come chi si bagna nei laghi freddi.

Kochał wodę całym sercem, jak ludzie kąpiący się w zimnych jeziorach.

Questo amore per l'acqua mantenne Buck forte e molto sano.

Miłość do wody sprawiała, że Buck był silny i zdrowy.

Questo era il cane che Buck era diventato nell'autunno del 1897.

Właśnie w takiego psa zamienił się Buck jesienią 1897 roku.

Quando lo sciopero del Klondike spinse gli uomini verso il gelido Nord.

Kiedy uderzenie pioruna z Klondike przyciągnęło ludzi na mroźną Północ.

Da ogni parte del mondo la gente accorse in massa verso la fredda terra.

Ludzie z całego świata przybywali do zimnej krainy.

Buck, tuttavia, non leggeva i giornali e non capiva le notizie.

Buck jednak nie czytał gazet i nie rozumiał wiadomości.

Non sapeva che Manuel fosse una persona cattiva con cui stare.

Nie wiedział, że Manuel jest złym człowiekiem.

Manuel, che aiutava in giardino, aveva un grosso problema.

Manuel, który pomagał w ogrodzie, miał poważny problem.

Manuel era dipendente dal gioco d'azzardo alla lotteria cinese.

Manuel był uzależniony od hazardu w chińskiej loterii.

Credeva fermamente anche in un sistema fisso per vincere.

Wierzył także mocno w ustalony system wygrywania.

Questa convinzione rese il suo fallimento certo e inevitabile.

To przekonanie uczyniło jego porażkę pewną i nieuniknioną.

Per giocare con un sistema erano necessari soldi, soldi che a Manuel mancavano.

Granie w ten system wymaga pieniędzy, których Manuelowi brakowało.

Il suo stipendio bastava a malapena a sostenere la moglie e i numerosi figli.

Jego zarobki ledwo wystarczały na utrzymanie żony i licznego grona dzieci.

La notte in cui Manuel tradì Buck, tutto era normale.

W noc, kiedy Manuel zdradził Bucka, wszystko było normalne.

Il giudice si trovava a una riunione dell'Associazione dei coltivatori di uva passa.

Sędzia był na spotkaniu Stowarzyszenia Plantatorów Rodzynek.

A quel tempo i figli del giudice erano impegnati a fondare un club sportivo.

Synowie sędziego byli wówczas zajęci zakładaniem klubu sportowego.

Nessuno vide Manuel e Buck uscire dal frutteto.

Nikt nie widział Manuela i Bucka wychodzących przez sad.

Buck pensava che questa fosse solo una semplice passeggiata notturna.

Buck myślał, że ten spacer będzie po prostu zwykłym nocnym spacerem.

Incontrarono un solo uomo alla stazione della bandiera, a College Park.

Spotkali tylko jednego mężczyznę na stacji flagowej w College Park.

Quell'uomo parlò con Manuel e si scambiarono i soldi.

Ten mężczyzna rozmawiał z Manuelem i wymienili się pieniędzmi.

"Imballa la merce prima di consegnarla", suggerì.

„Zapakuj towar przed dostarczeniem" – zasugerował.

La voce dell'uomo era roca e impaziente mentre parlava.

Głos mężczyzny był szorstki i niecierpliwy, gdy mówił.

Manuel legò con cura una corda spessa attorno al collo di Buck.

Manuel ostrożnie zawiązał grubą linę wokół szyi Bucka.

"Se giri la corda, lo strangolerai di brutto"

„Skręć linę, a go mocno udusisz"

Lo straniero emise un grugnito, dimostrando di aver capito bene.

Nieznajomy chrząknął, pokazując, że dobrze zrozumiał.

Quel giorno Buck accettò la corda con calma e silenziosa dignità.

Tego dnia Buck przyjął linę ze spokojem i cichą godnością.

Era un atto insolito, ma Buck si fidava degli uomini che conosceva.

Było to niezwykłe posunięcie, ale Buck ufał ludziom, których znał.

Credeva che la loro saggezza andasse ben oltre il suo pensiero.

Wierzył, że ich mądrość wykracza daleko poza jego własne myślenie.

Ma poi la corda venne consegnata nelle mani dello straniero.

Ale potem lina została przekazana w ręce nieznajomego.

Buck emise un ringhio basso che suonava come un avvertimento e una minaccia silenziosa.

Buck wydał z siebie niski warkot, w którym było słychać ostrzegawcze, ciche zagrożenie.

Era orgoglioso e autoritario e intendeva mostrare il suo disappunto.

Był dumny i władczy, i chciał okazać swoje niezadowolenie.

Buck credeva che il suo avvertimento sarebbe stato interpretato come un ordine.

Buck był przekonany, że jego ostrzeżenie zostanie zrozumiane jako rozkaz.

Con suo grande stupore, la corda si strinse rapidamente attorno al suo grosso collo.

Ku jego zaskoczeniu, lina zacisnęła się mocno wokół jego grubej szyi.

Gli mancò l'aria e cominciò a lottare in preda a una rabbia improvvisa.

Stracił dopływ powietrza i zaczął walczyć w nagłym przypływie wściekłości.

Si lanciò verso l'uomo, che si lanciò rapidamente contro Buck a mezz'aria.

Skoczył na mężczyznę, który szybko spotkał się z Buckiem w locie.

L'uomo afferrò Buck per la gola e lo fece ruotare abilmente in aria.

Mężczyzna złapał Bucka za gardło i zręcznie wykręcił mu ciało w powietrzu.

Buck venne scaraventato a terra con violenza, atterrando sulla schiena.

Buck został rzucony na ziemię i wylądował płasko na plecach.

La corda ora lo strangolava crudelmente mentre lui scalciava selvaggiamente.

Lina dusiła go teraz boleśnie, podczas gdy on kopał jak szalony.

La sua lingua cadde fuori, il suo petto si sollevò, ma non riprese fiato.

Język mu wypadł, pierś unosiła się i opadała, ale nie mógł złapać oddechu.

Non era mai stato trattato con tanta violenza in vita sua.

Nigdy w życiu nie spotkał się z tak brutalnym traktowaniem.

Non era mai stato così profondamente invaso da una rabbia così profonda.

Nigdy wcześniej nie czuł tak głębokiej wściekłości.

Ma il potere di Buck svanì e i suoi occhi diventarono vitrei.

Jednak moc Bucka osłabła, a jego oczy zrobiły się szklane.

Svenne proprio mentre un treno veniva fermato lì vicino.

Zemdlał akurat w chwili, gdy w pobliżu zatrzymano pociąg.

Poi i due uomini lo caricarono velocemente nel vagone bagagli.

Następnie dwaj mężczyźni szybko wrzucili go do wagonu bagażowego.

La cosa successiva che Buck sentì fu dolore alla lingua gonfia.

Następną rzeczą, jaką poczuł Buck, był ból w spuchniętym języku.

Si muoveva su un carro traballante, solo vagamente cosciente.

Poruszał się na trzęsącym się wózku, ledwie przytomny.

Il fischio acuto di un treno rivelò a Buck la sua posizione.

Głośny dźwięk gwizdka pociągu wskazał Buckowi jego lokalizację.

Aveva spesso cavalcato con il Giudice e conosceva quella sensazione.

Często jeździł z Sędzią i znał to uczucie.

Fu un'esperienza unica viaggiare di nuovo in un vagone bagagli.

To było niesamowite przeżycie, gdy znów podróżowałem wagonem bagażowym.

Buck aprì gli occhi e il suo sguardo ardeva di rabbia.

Buck otworzył oczy, a jego spojrzenie płonęło wściekłością.

Questa era l'ira di un re orgoglioso detronizzato.

To był gniew dumnego króla, strąconego z tronu.

Un uomo allungò la mano per afferrarlo, ma Buck colpì per primo.

Jakiś mężczyzna wyciągnął rękę, żeby go złapać, ale Buck zaatakował pierwszy.

Affondò i denti nella mano dell'uomo e la strinse forte.

Zatopił zęby w dłoni mężczyzny i mocno ją ścisnął.

Non mi lasciò andare finché non svenne per la seconda volta.

Nie puścił mnie, dopóki nie stracił przytomności po raz drugi.

"Sì, ha degli attacchi", borbottò l'uomo al facchino.

„Tak, ma napady" – mruknął mężczyzna do bagażowego.

Il facchino aveva sentito la colluttazione e si era avvicinato.

Bagażowy usłyszał odgłosy walki i podszedł bliżej.

"Lo porto a Frisco per conto del capo", spiegò l'uomo.

„Zabieram go do Frisco dla szefa" – wyjaśnił mężczyzna.

"C'è un bravo dottore per cani che dice di poterli curare."

„Jest tam świetny lekarz-ps, który twierdzi, że potrafi je wyleczyć."

Più tardi quella notte l'uomo raccontò la sua versione completa.

Później tej samej nocy mężczyzna złożył własną, szczegółową relację.

Parlava da un capannone dietro un saloon sul molo.

Przemawiał z szopy za saloonem na nabrzeżu.

"Mi hanno dato solo cinquanta dollari", si lamentò con il gestore del saloon.

„Dano mi tylko pięćdziesiąt dolarów" – poskarżył się właścicielowi saloonu.

"Non lo rifarei, nemmeno per mille dollari in contanti."

„Nie zrobiłbym tego ponownie, nawet za tysiąc w gotówce".

La sua mano destra era strettamente avvolta in un panno insanguinato.

Jego prawa ręka była ciasno owinięta zakrwawioną tkaniną.

La gamba dei suoi pantaloni era completamente strappata dal ginocchio al piede.

Jego nogawka była szeroko rozdarta od kolana do stopy.

"Quanto è stato pagato l'altro tizio?" chiese il gestore del saloon.

„Ile zarobił ten drugi facet?" – zapytał właściciel saloonu.

«Cento», rispose l'uomo, «non ne accetterebbe uno in meno».

„Sto" – odpowiedział mężczyzna – „nie wziąłby ani centa mniej".

"Questo fa centocinquanta", disse il gestore del saloon.

„To daje sto pięćdziesiąt" – powiedział właściciel saloonu.

"E lui li merita tutti, altrimenti non sono meglio di uno stupido."

„I on jest tego wszystkiego wart, w przeciwnym razie jestem niczym więcej niż tępym durniem".

L'uomo aprì gli involucri per esaminarsi la mano.

Mężczyzna otworzył opakowanie, aby obejrzeć swoją dłoń.

La mano era gravemente graffiata e ricoperta di croste di sangue secco.

Ręka była poważnie rozdarta i pokryta zaschniętą krwią.

"Se non mi viene l'idrofobia..." cominciò a dire.

„Jeśli nie dostanę wścieklizny…" zaczął mówić.

"Sarà perché sei nato per impiccarti", giunse una risata.

„To dlatego, że urodziłeś się, by wisieć" – rozległ się śmiech.

"Aiutami prima di partire", gli chiesero.

„Przyjdź i pomóż mi, zanim pójdziesz" – poproszono go.

Buck era stordito dal dolore alla lingua e alla gola.

Buck był oszołomiony bólem języka i gardła.

Era mezzo strangolato e riusciva a malapena a stare in piedi.

Był na wpół uduszony i ledwo mógł ustać na nogach.

Ciononostante, Buck cercò di affrontare gli uomini che lo avevano ferito così duramente.

Buck nadal próbował stawić czoła ludziom, którzy go tak skrzywdzili.

Ma lo gettarono a terra e lo strangolarono ancora una volta.

Jednak oni znowu go przewrócili i udusili.

Solo allora riuscirono a segargli il pesante collare di ottone.

Dopiero wtedy mogli odciąć mu ciężki mosiężny kołnierz.

Tolsero la corda e lo spinsero in una cassa.

Zdjęli mu linę i wrzucili do skrzyni.

La cassa era piccola e aveva la forma di una gabbia di ferro grezza.

Skrzynia była mała i miała kształt prostej żelaznej klatki.

Buck rimase lì per tutta la notte, pieno di rabbia e di orgoglio ferito.

Buck leżał tam całą noc, przepełniony gniewem i zranioną dumą.

Non riusciva nemmeno a capire cosa gli stesse succedendo.

Nie mógł pojąć, co się z nim dzieje.

Perché quegli strani uomini lo tenevano in quella piccola cassa?

Dlaczego ci obcy mężczyźni trzymali go w tej małej klatce?

Cosa volevano da lui e perché questa crudele prigionia?

Czego od niego chcieli i dlaczego skazali go na tak okrutną niewolę?

Sentì una pressione oscura e la sensazione che il disastro si avvicinasse.

Poczuł mroczną presję; przeczucie, że katastrofa jest coraz bliżej.

Era una paura vaga, ma si impadronì pesantemente del suo spirito.

Był to nieokreślony strach, ale mocno zakorzenił się w jego duszy.

Diverse volte sobbalzò quando la porta del capanno sbatteva.

Kilkakrotnie podskakiwał, gdy drzwi szopy zatrzeszczały.

Si aspettava che il giudice o i ragazzi apparissero e lo salvassero.

Spodziewał się, że sędzia lub chłopcy przyjdą i go uratują.

Ma ogni volta solo la faccia grassa del gestore del saloon faceva capolino all'interno.

Ale za każdym razem do środka zaglądała tylko tłusta twarz właściciela saloonu.

Il volto dell'uomo era illuminato dalla debole luce di una candela di sego.

Twarz mężczyzny oświetlał słaby blask łojowej świecy.

Ogni volta, il latrato gioioso di Buck si trasformava in un ringhio basso e arrabbiato.

Za każdym razem radosne szczekanie Bucka zmieniało się w niskie, gniewne warczenie.

Il gestore del saloon lo ha lasciato solo per la notte nella cassa

Właściciel saloonu zostawił go samego na noc w skrzyni

Ma quando si svegliò la mattina seguente, altri uomini stavano arrivando.

Ale gdy się rano obudził, nadchodziło więcej mężczyzn.

Arrivarono quattro uomini e, con cautela, sollevarono la cassa senza dire una parola.

Przyszło czterech mężczyzn i ostrożnie, nie mówiąc ani słowa, podnieśli skrzynię.

Buck capì subito in quale situazione si trovava.

Buck od razu zdał sobie sprawę z sytuacji, w jakiej się znalazł.

Erano ulteriori tormentatori che doveva combattere e temere.

Byli oni dla niego kolejnymi prześladowcami, z którymi musiał walczyć i których musiał się bać.

Questi uomini apparivano malvagi, trasandati e molto mal curati.

Ci mężczyźni wyglądali groźnie, byli obdarci i bardzo źle ubrani.

Buck ringhiò e si lanciò contro di loro con furia attraverso le sbarre.

Buck warknął i rzucił się na nich z wściekłością przez kraty.

Si limitarono a ridere e a colpirlo con lunghi bastoni di legno.

Oni tylko się śmiali i dźgali go długimi, drewnianymi kijami.

Buck morse i bastoncini, poi capì che era quello che gli piaceva.

Buck ugryzł patyki, ale potem zrozumiał, że to właśnie one lubią.

Così si sdraiò in silenzio, imbronciato e acceso da una rabbia silenziosa.

Więc położył się spokojnie, ponury i płonący cichą wściekłością.

Caricarono la cassa su un carro e se ne andarono con lui.

Załadowali skrzynię na wóz i odjechali.

La cassa, con Buck chiuso dentro, cambiò spesso proprietario.

Skrzynia, w której znajdował się zamknięty Buck, często zmieniała właścicieli.

Gli impiegati dell'ufficio espresso presero in mano la situazione e si occuparono di lui per un breve periodo.

Pracownicy biura ekspresowego przejęli sprawę i krótko się nią zajęli.

Poi un altro carro trasportò Buck attraverso la rumorosa città.

Potem inny wóz wiózł Bucka przez hałaśliwe miasto.

Un camion lo portò con sé scatole e pacchi su un traghetto.
Ciężarówka zabrała go wraz z pudełkami i paczkami na prom.
Dopo l'attraversamento, il camion lo scaricò presso un deposito ferroviario.
Po przekroczeniu granicy ciężarówka wysadziła go na dworcu kolejowym.
Alla fine Buck venne fatto salire a bordo di un vagone espresso in attesa.
Na koniec Buck został umieszczony w czekającym wagonie ekspresowym.
Per due giorni e due notti i treni trascinarono via il vagone espresso.
Przez dwie doby pociągi odciągały wagon ekspresowy.
Buck non mangiò né bevve durante tutto il doloroso viaggio.
Buck nie jadł i nie pił przez całą bolesną podróż.
Quando i messaggeri cercarono di avvicinarlo, lui ringhiò.
Kiedy kurierzy próbowali się do niego zbliżyć, warknął.
Risposero prendendolo in giro e prendendolo in giro crudelmente.
W odpowiedzi naśmiewali się z niego i okrutnie go prześladowali.
Buck si gettò contro le sbarre, schiumando e tremando
Buck rzucił się na kraty, pieniąc się i trzęsąc
risero sonoramente e lo presero in giro come i bulli della scuola.
śmiali się głośno i drwili z niego jak szkolni łobuzi.
Abbaiavano come cani finti e agitavano le braccia.
Szczekali jak sztuczne psy i machali rękami.
Arrivarono persino a cantare come galli, solo per farlo arrabbiare ancora di più.
Nawet piały jak koguty, żeby go jeszcze bardziej zdenerwować.
Era un comportamento sciocco e Buck sapeva che era ridicolo.
To było głupie zachowanie i Buck wiedział, że jest śmieszne.
Ma questo non fece altro che accrescere il suo senso di indignazione e vergogna.

Ale to tylko pogłębiło jego poczucie oburzenia i wstydu.

Durante il viaggio la fame non lo disturbò molto.

Podczas podróży głód nie dokuczał mu zbytnio.

Ma la sete portava con sé dolori acuti e sofferenze insopportabili.

Jednak pragnienie powodowało ostry ból i nieznośne cierpienie.

La sua gola secca e infiammata e la lingua bruciavano per il calore.

Jego suche, zapalone gardło i język paliły się od gorąca.

Questo dolore alimentava la febbre che cresceva nel suo corpo orgoglioso.

Ból ten podsycał gorączkę narastającą w jego dumnym ciele.

Durante questa prova Buck fu grato per una sola cosa.

Podczas tego procesu Buck był wdzięczny za jedną rzecz.

Gli avevano tolto la corda dal grosso collo.

Zdjęto mu linę z grubej szyi.

La corda aveva dato a quegli uomini un vantaggio ingiusto e crudele.

Lina dała tym mężczyznom niesprawiedliwą i okrutną przewagę.

Ora la corda non c'era più e Buck giurò che non sarebbe mai più tornata.

Teraz liny nie było i Buck przysiągł, że nigdy nie wróci.

Decise che nessuna corda gli sarebbe mai più passata intorno al collo.

Postanowił, że nigdy więcej nie zawiąże sobie liny wokół szyi.

Per due lunghi giorni e due lunghe notti soffrì senza cibo.

Przez dwie długie dni i noce cierpiał bez jedzenia.

E in quelle ore, accumulò dentro di sé una rabbia enorme.

A w tych godzinach narastała w nim ogromna wściekłość.

I suoi occhi diventarono iniettati di sangue e selvaggi per la rabbia costante.

Jego oczy zrobiły się przekrwione i dzikie od nieustannego gniewu.

Non era più Buck, ma un demone con le fauci che schioccavano.

Nie był już Buckiem, ale demonem o kłapiących szczękach.

Nemmeno il Giudice avrebbe potuto riconoscere questa folle creatura.

Nawet Sędzia nie poznałby tego szalonego stworzenia.

I messaggeri espressi tirarono un sospiro di sollievo quando giunsero a Seattle

Kurierzy ekspresowi odetchnęli z ulgą, gdy dotarli do Seattle

Quattro uomini sollevarono la cassa e la portarono in un cortile sul retro.

Czterech mężczyzn podniosło skrzynię i przeniosło ją na podwórko.

Il cortile era piccolo, circondato da mura alte e solide.

Podwórko było małe, otoczone wysokimi i solidnymi murami.

Un uomo corpulento uscì dalla stanza con una scollatura larga e una camicia rossa.

Wyszedł wielki mężczyzna w obwisłej czerwonej koszuli-swetrze.

Firmò il registro delle consegne con una calligrafia spessa e decisa.

Podpisał księgę dostaw grubym i wyraźnym pismem.

Buck intuì subito che quell'uomo era il suo prossimo aguzzino.

Buck od razu wyczuł, że ten człowiek będzie jego następnym prześladowcą.

Si lanciò violentemente contro le sbarre, con gli occhi rossi di rabbia.

Rzucił się gwałtownie na kraty, jego oczy były czerwone ze złości.

L'uomo si limitò a sorridere amaramente e andò a prendere un'ascia.

Mężczyzna tylko uśmiechnął się ponuro i poszedł po siekierę.

Teneva anche una mazza nella sua grossa e forte mano destra.

W prawej, grubej i silnej ręce trzymał także pałkę.

"Lo porterai fuori adesso?" chiese l'autista preoccupato.

„Zamierzasz go teraz wyprowadzić?" – zapytał zaniepokojony kierowca.

"Certo", disse l'uomo, infilando l'ascia nella cassa come se fosse una leva.

„Jasne" – powiedział mężczyzna, wbijając siekierę w skrzynię jako dźwignię.

I quattro uomini si dileguarono all'istante, saltando sul muro del cortile.

Czterech mężczyzn rozbiegło się natychmiast i wskoczyło na mur otaczający podwórze.

Dai loro punti sicuri in alto, aspettavano di ammirare lo spettacolo.

Ze swoich bezpiecznych miejsc na górze czekali, aby oglądać widowisko.

Buck si lanciò contro il legno scheggiato, mordendolo e scuotendolo violentemente.

Buck rzucił się na drzazgi, gryząc i potrząsając nimi zawzięcie.

Ogni volta che l'ascia colpiva la gabbia, Buck era lì pronto ad attaccarla.

Za każdym razem, gdy topór uderzał w klatkę, Buck był tam, aby ją zaatakować.

Ringhiò e schioccò le dita in preda a una rabbia selvaggia, desideroso di essere liberato.

Warczał i rzucał się z dziką wściekłością, pragnąc jak najszybciej zostać uwolnionym.

L'uomo all'esterno era calmo e fermo, concentrato sul suo compito.

Mężczyzna na zewnątrz był spokojny i opanowany, skupiony na swoim zadaniu.

"Bene allora, diavolo dagli occhi rossi", disse quando il buco fu grande.

„No dobrze, czerwonooki diable" – powiedział, gdy dziura była już duża.

Lasciò cadere l'ascia e prese la mazza nella mano destra.

Upuścił topór i wziął pałkę w prawą rękę.

Buck sembrava davvero un diavolo: aveva gli occhi iniettati di sangue e fiammeggianti.

Buck rzeczywiście wyglądał jak diabeł; jego oczy były nabiegłe krwią i płonęły.

Il suo pelo si rizzò, la schiuma gli salì alla bocca e gli occhi brillarono.

Jego sierść była zjeżona, piana pieniła się na pysku, a oczy błyszczały.

Lui tese i muscoli e si lanciò dritto verso il maglione rosso.

Napiął mięśnie i rzucił się prosto na czerwony sweter.

Centoquaranta libbre di furia si riversarono sull'uomo calmo.

Sto czterdzieści funtów wściekłości poleciało w stronę spokojnego człowieka.

Un attimo prima che le sue fauci si chiudessero, un colpo terribile lo colpì.

Tuż przed tym, jak jego szczęki się zacisnęły, otrzymał straszliwy cios.

I suoi denti si schioccarono insieme solo sull'aria

Jego zęby zacisnęły się na samym powietrzu

una scossa di dolore gli risuonò nel corpo

wstrząs bólu przeszył jego ciało

Si capovolse a mezz'aria e cadde sulla schiena e su un fianco.

Obrócił się w powietrzu i upadł na plecy i bok.

Non aveva mai sentito prima un colpo di mazza e non riusciva a sostenerlo.

Nigdy wcześniej nie poczuł uderzenia kijem i nie potrafił tego pojąć.

Con un ringhio acuto, in parte abbaio, in parte urlo, saltò di nuovo.

Z wrzaskiem, który był częściowo szczekaniem, częściowo krzykiem, skoczył ponownie.

Un altro colpo violento lo colpì e lo scaraventò a terra.

Kolejny brutalny cios powalił go na ziemię.

Questa volta Buck capì: era la pesante clava dell'uomo.

Tym razem Buck zrozumiał — to była wina ciężkiego pałki tego mężczyzny.

Ma la rabbia lo accecò e non pensò minimamente di ritirarsi.

Lecz wściekłość go zaślepiła i nie myślał o ucieczce.

Dodici volte si lanciò e dodici volte cadde.

Dwanaście razy rzucał się i dwanaście razy upadał.

La mazza di legno lo colpiva ogni volta con una forza spietata e schiacciante.

Drewniana maczuga miażdżyła go za każdym razem z bezlitosną, miażdżącą siłą.

Dopo un colpo violento, si rialzò barcollando, stordito e lento.

Po jednym silnym ciosie podniósł się na nogi, oszołomiony i powolny.

Il sangue gli colava dalla bocca, dal naso e perfino dalle orecchie.

Krew ciekła mu z ust, nosa, a nawet z uszu.

Il suo mantello, un tempo bellissimo, era imbrattato di schiuma insanguinata.

Jego niegdyś piękna sierść była umazana krwawą pianą.

Poi l'uomo si fece avanti e gli sferrò un violento colpo al naso.

Wtedy mężczyzna wystąpił i zadał potężny cios w nos.

L'agonia fu più acuta di qualsiasi cosa Buck avesse mai provato.

Ból był silniejszy niż wszystko, co Buck kiedykolwiek czuł.

Con un ruggito più da bestia che da cane, balzò di nuovo all'attacco.

Z rykiem bardziej zwierzęcym niż psim skoczył ponownie, by zaatakować.

Ma l'uomo gli afferrò la mascella inferiore e la torse all'indietro.

Jednak mężczyzna złapał się za dolną szczękę i wykręcił ją do tyłu.

Buck si girò a testa in giù e cadde di nuovo violentemente al suolo.

Buck przewrócił się do góry nogami i znów upadł z impetem.

Un'ultima volta, Buck si lanciò verso di lui, ormai a malapena in grado di reggersi in piedi.

Buck rzucił się na niego po raz ostatni, ledwo trzymając się na nogach.

L'uomo colpì con sapiente tempismo, sferrando il colpo finale.

Mężczyzna uderzył z mistrzowskim wyczuciem czasu,
zadając ostateczny cios.

Buck crollò a terra, privo di sensi e immobile.

Buck padł nieprzytomny i nieruchomy.

**"Non è uno stupido ad addestrare i cani, ecco cosa dico io",
urlò un uomo.**

„On nie jest żadnym łajdakiem w tresurze psów, oto co
mówię" – krzyknął mężczyzna.

**"Druther può spezzare la volontà di un segugio in qualsiasi
giorno della settimana."**

„Druther może złamać wolę psa każdego dnia tygodnia".

"E due volte di domenica!" aggiunse l'autista.

„I dwa razy w niedzielę!" – dodał kierowca.

Salì sul carro e tirò le redini per partire.

Wsiadł do wozu i strzelił lejcami, szykując się do odjazdu.

Buck riprese lentamente il controllo della sua coscienza

Buck powoli odzyskał kontrolę nad swoją świadomością

**ma il suo corpo era ancora troppo debole e rotto per
muoversi.**

lecz jego ciało było nadal zbyt słabe i połamane, aby móc się
ruszyć.

**Rimase lì dove era caduto, osservando l'uomo con il
maglione rosso.**

Leżał tam, gdzie upadł, i patrzył na mężczyznę w czerwonym
swetrze.

**"Risponde al nome di Buck", disse l'uomo, leggendo ad alta
voce.**

„Reaguje na imię Buck" – przeczytał mężczyzna na głos.

Citò la nota inviata con la cassa di Buck e i dettagli.

Zacytował fragment notatki dołączonej do skrzyni Bucka i
innych szczegółów.

**"Bene, Buck, ragazzo mio", continuò l'uomo con tono
amichevole,**

„Cóż, Buck, mój chłopcze" – kontynuował mężczyzna
przyjaznym tonem,

**"Abbiamo avuto il nostro piccolo litigio, e ora tra noi è
finita."**

„Mieliśmy małą kłótnię i teraz jest już między nami koniec".

"Tu hai imparato qual è il tuo posto, e io ho imparato qual è il mio", ha aggiunto.

„Ty poznałeś swoje miejsce, a ja poznałem swoje" – dodał.

"Sii buono e tutto andrà bene e la vita sarà piacevole."

„Bądź dobry, a wszystko pójdzie dobrze i życie będzie przyjemne."

"Ma se sei cattivo, ti spaccherò a morte, capito?"

„Ale jeśli będziesz niegrzeczny, to zbiję cię na kwaśne jabłko, rozumiesz?"

Mentre parlava, allungò la mano e accarezzò la testa dolorante di Buck.

Mówiąc to, wyciągnął rękę i pogłaskał Bucka po obolałej głowie.

I capelli di Buck si rizzarono al tocco dell'uomo, ma lui non oppose resistenza.

Włosy Bucka stanęły dęba pod wpływem dotyku mężczyzny, ale nie stawiał oporu.

L'uomo gli portò dell'acqua e Buck la bevve a grandi sorsi.

Mężczyzna przyniósł mu wody, którą Buck wypił wielkimi łykami.

Poi arrivò la carne cruda, che Buck divorò pezzo per pezzo.

Potem podano surowe mięso, które Buck pożerał kawałek po kawałku.

Sapeva di essere stato sconfitto, ma sapeva anche di non essere distrutto.

Wiedział, że został pokonany, ale wiedział też, że nie jest złamany.

Non aveva alcuna possibilità contro un uomo armato di manganello.

Nie miał szans w walce z mężczyzną uzbrojonym w pałkę.

Aveva imparato la verità e non dimenticò mai quella lezione.

Poznał prawdę i nigdy nie zapomniał tej lekcji.

Quell'arma segnò l'inizio della legge nel nuovo mondo di Buck.

Ta broń była początkiem prawa w nowym świecie Bucka.

Fu l'inizio di un ordine duro e primitivo che non poteva negare.

To był początek surowego, prymitywnego porządku, którego nie mógł zaprzeczyć.

Accettò la verità: i suoi istinti selvaggi erano ormai risvegliati.

Zaakceptował prawdę; jego dzikie instynkty znów się obudziły.

Il mondo era diventato più duro, ma Buck lo affrontò coraggiosamente.

Świat stał się trudniejszy, ale Buck dzielnie stawił mu czoła.

Affrontò la vita con una nuova cautela, astuzia e una forza silenziosa.

Podchodził do życia z nową ostrożnością, przebiegłością i cichą siłą.

Arrivarono altri cani, legati con corde o gabbie, come era successo a Buck.

Przybyło więcej psów, przywiązanych linami lub w klatkach, tak jak Buck.

Alcuni cani procedevano con calma, altri si infuriavano e combattevano come bestie feroci.

Niektóre psy podchodziły spokojnie, inne wściekały się i walczyły jak dzikie bestie.

Tutti loro furono sottoposti al dominio dell'uomo con il maglione rosso.

Wszyscy zostali poddani władzy człowieka w czerwonym swetrze.

Ogni volta Buck osservava e vedeva svolgersi la stessa lezione.

Za każdym razem Buck obserwował i widział, że rozwija się ta sama lekcja.

L'uomo con la clava era la legge: un padrone a cui obbedire.

Człowiek z pałką był prawem; panem, któremu należało posłuszeństwo.

Non era necessario che gli piacesse, ma che gli si obbedisse.

Nie potrzebował być lubianym, ale musiał być posłuszny.

Buck non si è mai mostrato adulatore o scodinzolante come facevano i cani più deboli.

Buck nigdy nie płaszczył się i nie merdał ogonem, tak jak robiły to słabsze psy.

Vide dei cani che erano stati picchiati e che continuavano a leccare la mano dell'uomo.

Widział psy, które były bite i nadal lizały rękę mężczyzny.

Vide un cane che non obbediva né si sottometteva affatto.

Zobaczył jednego psa, który wcale nie chciał słuchać i się podporządkować.

Quel cane ha combattuto fino alla morte nella battaglia per il controllo.

Ten pies walczył, aż zginął w walce o władzę.

A volte degli sconosciuti venivano a trovare l'uomo con il maglione rosso.

Czasami przychodzili obcy ludzie, żeby zobaczyć mężczyznę w czerwonym swetrze.

Parlavano con toni strani, supplicando, contrattando e ridendo.

Rozmawiali dziwnym tonem, błagalnie, targując się i śmiejąc.

Dopo aver scambiato i soldi, se ne andavano con uno o più cani.

Po wymianie pieniędzy odchodzili zabierając ze sobą jednego lub więcej psów.

Buck si chiese dove andassero questi cani, perché nessuno faceva mai ritorno.

Buck zastanawiał się, dokąd poszły te psy, ponieważ żaden nigdy nie wrócił.

la paura dell'ignoto riempiva Buck ogni volta che un uomo sconosciuto si avvicinava

strach przed nieznanym ogarniał Bucka za każdym razem, gdy pojawiał się obcy mężczyzna

era contento ogni volta che veniva preso un altro cane, al posto suo.

cieszył się za każdym razem, gdy zabierano innego psa, a nie jego.

Ma alla fine arrivò il turno di Buck con l'arrivo di uno strano uomo.

W końcu jednak nadeszła kolej na Bucka, wraz z przybyciem dziwnego mężczyzny.

Era piccolo, nervoso e parlava un inglese stentato e imprecava.

Był niski, chudy, mówił łamaną angielszczyzną i przeklinał.

"Sacredam!" urlò quando vide il corpo di Buck.

„Sacredam!" krzyknął, gdy zobaczył sylwetkę Bucka.

"Che cane maledetto e prepotente! Eh? Quanto costa?" chiese ad alta voce.

„To cholerny pies-łobuz! Co? Ile?" – zapytał głośno.

"Trecento, ed è un regalo a quel prezzo",

„Trzysta, a za taką cenę to prezent"

"Dato che sono soldi del governo, non dovresti lamentarti, Perrault."

„Skoro to rządowe pieniądze, nie powinieneś narzekać, Perrault."

Perrault sorrise pensando all'accordo che aveva appena concluso con quell'uomo.

Perrault uśmiechnął się na myśl o umowie, którą właśnie zawarł z tym mężczyzną.

Il prezzo dei cani è salito alle stelle a causa della domanda improvvisa.

Ceny psów gwałtownie wzrosły z powodu nagłego wzrostu popytu.

Trecento dollari non erano ingiusti per una bestia così bella.

Trzysta dolarów to nie była niesprawiedliwa cena za tak piękne zwierzę.

Il governo canadese non perderebbe nulla dall'accordo

Rząd Kanady nie straciłby nic na tej umowie

Né i loro comunicati ufficiali avrebbero subito ritardi nel trasporto.

Ich oficjalne przesyłki również nie ulegną opóźnieniom w transporcie.

Perrault conosceva bene i cani e capì che Buck era una rarità.

Perrault dobrze znał psy i widział, że Buck był kimś wyjątkowym.

"Uno su dieci diecimila", pensò, mentre studiava la corporatura di Buck.

„Jeden na dziesięć tysięcy" – pomyślał, przyglądając się budowie ciała Bucka.

Buck vide il denaro cambiare di mano, ma non mostrò alcuna sorpresa.

Buck widział, jak pieniądze zmieniają właściciela, ale nie okazał zaskoczenia.

Poco dopo lui e Curly, un gentile Terranova, furono portati via.

Wkrótce on i Curly, łagodny nowofundland, zostali zabrani.

Seguirono l'omino dal cortile della casa con il maglione rosso.

Poszli za małym człowiekiem z podwórka czerwonego swetra.

Quella fu l'ultima volta che Buck vide l'uomo con la mazza di legno.

To był ostatni raz, kiedy Buck widział mężczyznę z drewnianą maczugą.

Dal ponte del Narwhal guardò Seattle svanire in lontananza.

Z pokładu Narwala obserwował, jak Seattle znika w oddali.

Fu anche l'ultima volta che vide le calde terre del Sud.

Był to również jego ostatni raz, kiedy widział ciepłe Południe.

Perrault li portò sottocoperta e li lasciò con François.

Perrault zabrał ich pod pokład i zostawił u François.

François era un gigante con la faccia nera e le mani ruvide e callose.

François był olbrzymem o czarnej twarzy i szorstkich, zrogowaciałych dłoniach.

Era un uomo dalla carnagione scura e dalla carnagione scura, un meticcio franco-canadese.

Był ciemnoskóry i śniady; mieszaniec rasy francusko-kanadyjskiej.

Per Buck, quegli uomini erano come non li aveva mai visti prima.

Dla Bucka byli to ludzie, których nigdy wcześniej nie widział.

Nei giorni a venire avrebbe avuto modo di conoscere molti di questi uomini.

W nadchodzących dniach miał poznać wielu takich ludzi.

Non cominciò ad affezionarsi a loro, ma finì per rispettarli.

Nie pałał do nich sympatią, lecz zaczął ich szanować.

Erano giusti e saggi e non si lasciavano ingannare facilmente da nessun cane.

Były sprawiedliwe i mądre, i niełatwo było je oszukać jakimkolwiek psem.

Giudicavano i cani con calma e punivano solo quando meritavano.

Oceniali psy spokojnie i karali tylko wtedy, gdy na to zasługiwały.

Sul ponte inferiore del Narwhal, Buck e Curly incontrarono due cani.

Na dolnym pokładzie Narwala Buck i Curly spotkali dwa psy.

Uno era un grosso cane bianco proveniente dalle lontane e gelide isole Spitzbergen.

Jednym z nich był duży, biały pies z odległego, lodowatego Spitsbergenu.

In passato aveva navigato su una baleniera e si era unito a un gruppo di ricerca.

Kiedyś pływał statkiem wielorybniczym i dołączył do grupy badawczej.

Era amichevole, ma astuto, subdolo e subdolo.

Był przyjacielski, ale chytry, podstępny i chytry.

Al loro primo pasto, rubò un pezzo di carne dalla padella di Buck.

Podczas pierwszego posiłku ukradł kawałek mięsa z miski Bucka.

Buck saltò per punirlo, ma la frusta di François colpì per prima.

Buck rzucił się, by go ukarać, ale bat François'a uderzył pierwszy.

Il ladro bianco urlò e Buck reclamò l'osso rubato.

Biały złodziej krzyknął, a Buck odzyskał skradzioną kość.

Questa correttezza colpì Buck e François si guadagnò il suo rispetto.

Ta uczciwość zrobiła wrażenie na Bucku, a François zyskał jego szacunek.

L'altro cane non lo salutò e non volle nessuno in cambio.

Drugi pies nie przywitał się i nie oczekiwał niczego w zamian.

Non rubava il cibo, né annusava con interesse i nuovi arrivati.

Nie kradł jedzenia i nie przyglądał się nowoprzybyłym z zainteresowaniem.

Questo cane era cupo e silenzioso, cupo e lento nei movimenti.

Ten pies był ponury i cichy, ponury i powolny.

Avvertì Curly di stargli lontano semplicemente lanciandole un'occhiata fulminante.

Ostrzegł Curly, żeby trzymała się z daleka, po prostu patrząc na nią gniewnie.

Il suo messaggio era chiaro: lasciatemi in pace o saranno guai.

Jego przesłanie było jasne: zostaw mnie w spokoju, albo będą kłopoty.

Si chiamava Dave e non faceva quasi caso a ciò che lo circondava.

Nazywał się Dave i prawie nie zwracał uwagi na otoczenie.

Dormiva spesso, mangiava tranquillamente e sbadigliava di tanto in tanto.

Często spał, jadł w ciszy i od czasu do czasu ziewał.

La nave ronzava costantemente con il rumore dell'elica sottostante.

Statek nieustannie buczał, a poniżej pracowała śruba.

I giorni passarono senza grandi cambiamenti, ma il clima si fece più freddo.

Dni mijały bez większych zmian, ale pogoda robiła się coraz zimniejsza.

Buck se lo sentiva nelle ossa e notò che anche gli altri lo sentivano.

Buck czuł to w kościach i zauważył, że pozostali również.

Poi una mattina l'elica si fermò e tutto rimase immobile.

Pewnego ranka śmigło zatrzymało się i wszystko ucichło.

Un'energia percorse la nave: qualcosa era cambiato.

Jakaś energia przetoczyła się przez statek; coś się zmieniło.

François scese, li mise al guinzaglio e li portò su.

François zszedł, założył im smycze i wyprowadził je na zewnątrz.

Buck uscì e trovò il terreno morbido, bianco e freddo.

Buck wyszedł i zobaczył, że ziemia jest miękka, biała i zimna.

Lui fece un balzo indietro allarmato e sbuffò in preda alla confusione più totale.

Odskoczył zaniepokojony i prychnął, całkowicie zdezorientowany.

Una strana sostanza bianca cadeva dal cielo grigio.

Z szarego nieba spadała dziwna, biała substancja.

Si scosse, ma i fiocchi bianchi continuavano a cadergli addosso.

Otrząsnął się, ale białe płatki nadal spadały na niego.

Annusò attentamente la sostanza bianca e ne leccò alcuni pezzetti ghiacciati.

Ostrożnie powąchał białą substancję i zlizał kilka lodowatych kawałków.

La polvere bruciò come il fuoco e poi svanì subito dalla sua lingua.

Proszek palił jak ogień, a potem zniknął z jego języka.

Buck ci riprovò, sconcertato dallo strano freddo che svaniva.

Buck spróbował ponownie, zdziwiony dziwnym, zanikającym chłodem.

Gli uomini intorno a lui risero e Buck si sentì in imbarazzo.

Mężczyźni wokół niego się śmiali, a Buck poczuł się zawstydzony.

Non sapeva perché, ma si vergognava della sua reazione.

Nie wiedział dlaczego, ale wstydził się swojej reakcji.

Era la sua prima esperienza con la neve e la cosa lo confuse.

To było jego pierwsze zetknięcie ze śniegiem i było dla niego zagadką.

La legge del bastone e della zanna
Prawo kija i kła

Il primo giorno di Buck sulla spiaggia di Dyea è stato un terribile incubo.
Pierwszy dzień Bucka na plaży Dyea przypominał koszmar.

Ogni ora portava con sé nuovi shock e cambiamenti inaspettati per Buck.
Każda godzina przynosiła Buckowi nowe wstrząsy i nieoczekiwane zmiany.

Era stato strappato alla civiltà e gettato nel caos più totale.
Został wyrwany z cywilizacji i wrzucony w dziki chaos.

Questa non era una vita soleggiata e pigra, fatta di noia e riposo.
Nie było to słoneczne, leniwe życie z nudą i odpoczynkiem.

Non c'era pace, né riposo, né momento senza pericolo.
Nie było spokoju, odpoczynku i chwili wolnej od niebezpieczeństwa.

La confusione regnava su tutto e il pericolo era sempre vicino.
Panował chaos, a niebezpieczeństwo zawsze czyhało.

Buck doveva stare attento perché quegli uomini e quei cani erano diversi.
Buck musiał zachować czujność, bo ci mężczyźni i psy byli inni.

Non provenivano da città; erano selvaggi e spietati.
Nie pochodzili z miast, byli dzicy i bezlitośni.

Questi uomini e questi cani conoscevano solo la legge del bastone e della zanna.
Ci ludzie i psy znali tylko prawo pałki i kłów.

Buck non aveva mai visto dei cani combattere come questi feroci husky.
Buck nigdy nie widział psów walczących tak jak te dzikie husky.

La sua prima esperienza gli insegnò una lezione che non avrebbe mai dimenticato.

Jego pierwsze doświadczenie dało mu lekcję, której nigdy nie zapomni.

Fu una fortuna che non fosse lui, altrimenti sarebbe morto anche lui.

Miał szczęście, że to nie on, w przeciwnym razie on też by zginął.

Curly era quello che soffriva, mentre Buck osservava e imparava.

Curly był tym, który cierpiał, podczas gdy Buck patrzył i się uczył.

Si erano accampati vicino a un deposito costruito con tronchi.

Rozbili obóz w pobliżu sklepu zbudowanego z bali.

Curly cercò di essere amichevole con un grosso husky simile a un lupo.

Curly próbował być przyjacielski wobec dużego, wilkopodobnego husky'ego.

L'husky era più piccolo di Curly, ma aveva un aspetto selvaggio e cattivo.

Husky był mniejszy od Curly'ego, ale wyglądał dziko i groźnie.

Senza preavviso, lui saltò su e le tagliò il viso.

Bez ostrzeżenia skoczył i rozciął jej twarz.

Con un solo movimento i suoi denti le tagliarono l'occhio fino alla mascella.

Jednym ruchem przeciął jej zęby od oka aż po szczękę.

Ecco come combattevano i lupi: colpivano velocemente e saltavano via.

Tak walczyły wilki — uderzać szybko i odskakiwać.

Ma c'era molto di più da imparare da quell'unico attacco.

Ale z tego jednego ataku można było wyciągnąć więcej wniosków.

Decine di husky si precipitarono dentro e formarono un cerchio silenzioso.

Dziesiątki psów husky wpadły i utworzyły ciche koło.

Osservavano attentamente e si leccavano le labbra per la fame.

Przyglądali się uważnie i oblizywali usta z głodu.

Buck non capiva il loro silenzio né i loro occhi ansiosi.

Buck nie rozumiał ich milczenia i zaciekawionego wzroku.

Curly si lanciò ad attaccare l'husky una seconda volta.

Curly rzucił się, by zaatakować huskiego po raz drugi.

Usò il suo petto per buttarla a terra con un movimento violento.

Mocnym ruchem uderzył ją w klatkę piersiową.

Cadde su un fianco e non riuscì più a rialzarsi.

Upadła na bok i nie mogła się podnieść.

Era proprio quello che gli altri aspettavano da tempo.

Na to właśnie czekali pozostali przez cały czas.

Gli husky le saltarono addosso, guaindo e ringhiando freneticamente.

Husky rzuciły się na nią, wrzeszcząc i warcząc w szale.

Lei urlò mentre la seppellivano sotto una pila di cani.

Krzyczała, gdy ją grzebali pod stertą psów.

L'attacco fu così rapido che Buck rimase immobile per lo shock.

Atak był tak szybki, że Buck zamarł w miejscu z wrażenia.

Vide Spitz tirare fuori la lingua in un modo che sembrava una risata.

Zobaczył, jak Spitz wystawił język w sposób, który wyglądał na śmiech.

François afferrò un'ascia e corse dritto verso il gruppo di cani.

François chwycił siekierę i pobiegł prosto w grupę psów.

Altri tre uomini hanno usato dei manganelli per allontanare gli husky.

Trzej inni mężczyźni odpędzali psy pałkami.

In soli due minuti la lotta finì e i cani se ne andarono.

Po zaledwie dwóch minutach walka dobiegła końca, a psy znikneły.

Curly giaceva morta nella neve rossa calpestata, con il corpo fatto a pezzi.

Curly leżała martwa w czerwonym, zdeptanym śniegu, jej ciało było rozszarpane.

Un uomo dalla pelle scura era in piedi davanti a lei, maledicendo la scena brutale.

Stał nad nią ciemnoskóry mężczyzna i przeklinał brutalną scenę.

Il ricordo rimase con Buck e ossessionò i suoi sogni notturni.

Wspomnienie to pozostało z Buckiem i nawiedzało go w snach.

Ecco come funzionava: niente equità, niente seconda possibilità.

Tak było tutaj: nie było sprawiedliwości, nie było drugiej szansy.

Una volta caduto un cane, gli altri lo uccidevano senza pietà.

Gdy jeden pies padł, reszta zabijała go bez litości.

Buck decise allora che non si sarebbe mai lasciato cadere.

Buck postanowił wtedy, że nigdy nie pozwoli sobie na upadek.

Spitz tirò fuori di nuovo la lingua e rise guardando il sangue.

Spitz znów wystawił język i zaśmiał się na widok krwi.

Da quel momento in poi, Buck odiò Spitz con tutto il cuore.

Od tego momentu Buck nienawidził Spitza całym sercem.

Prima che Buck potesse riprendersi dalla morte di Curly, accadde qualcosa di nuovo.

Zanim Buck zdążył otrząsnąć się po śmierci Curly'ego, wydarzyło się coś nowego.

François si avvicinò e legò qualcosa attorno al corpo di Buck.

François podszedł i przymocował coś do ciała Bucka.

Era un'imbracatura simile a quelle usate per i cavalli al ranch.

Była to uprząż taka sama, jakiej używano na ranczu dla koni.

Così come Buck aveva visto lavorare i cavalli, ora era costretto a lavorare anche lui.

Buck widział pracę koni, więc teraz sam musiał pracować.

Dovette trascinare François su una slitta nella foresta vicina.

Musiał ciągnąć François na saniach do pobliskiego lasu.

Poi dovette trascinare indietro un pesante carico di legna da ardere.

Następnie musiał odwieźć ciężki ładunek drewna na opał.

Buck era orgoglioso e gli faceva male essere trattato come un animale da lavoro.

Buck był dumny, więc bolało go, że traktowano go jak zwierzę robocze.

Ma era saggio e non cercò di combattere la nuova situazione.

Ale był mądry i nie próbował walczyć z nową sytuacją.

Accettò la sua nuova vita e diede il massimo in ogni compito.

Zaakceptował swoje nowe życie i dawał z siebie wszystko w każdym zadaniu.

Tutto di quel lavoro gli risultava strano e sconosciuto.

Wszystko w tej pracy było dla niego dziwne i nieznane.

François era severo e pretendeva obbedienza senza indugio.

François był surowy i wymagał posłuszeństwa bezzwłocznie.

La sua frusta garantiva che ogni comando venisse eseguito immediatamente.

Jego bat dawał pewność, że wszystkie polecenia będą wykonywane natychmiast.

Dave era il timoniere, il cane più vicino alla slitta dietro Buck.

Dave był kierowcą sań, psem znajdującym się najbliżej sań za Buckiem.

Se commetteva un errore, Dave mordeva Buck sulle zampe posteriori.

Jeśli Buck popełnił błąd, Dave gryzł go w tylne nogi.

Spitz era il cane guida, abile ed esperto nel ruolo.

Spitz był psem przewodnim, wykwalifikowanym i doświadczonym w tej roli.

Spitz non riusciva a raggiungere Buck facilmente, ma lo corresse comunque.

Spitz nie mógł łatwo dotrzeć do Bucka, ale i tak go skorygował.

Ringhiava aspramente o tirava la slitta in modi che insegnavano a Buck.

Warczał ostro i ciągnął sanie w sposób, którego Buck się
nauczył.

**Grazie a questo addestramento, Buck imparò più
velocemente di quanto tutti si aspettassero.**

Dzięki temu szkoleniu Buck uczył się szybciej, niż ktokolwiek
z nich się spodziewał.

**Lavorò duramente e imparò sia da François che dagli altri
cani.**

Ciężko pracował i uczył się zarówno od François, jak i od
innych psów.

Quando tornarono, Buck conosceva già i comandi chiave.

Kiedy wrócili, Buck znał już najważniejsze komendy.

Imparò a fermarsi al suono della parola "oh" di François.

Od François nauczył się zatrzymywać na dźwięk słowa „ho".

Imparò quando era il momento di tirare la slitta e correre.

Nauczył się, kiedy musi ciągnąć sanie i biec.

Imparò a svoltare senza problemi nelle curve del sentiero.

Nauczył się bez problemu pokonywać zakręty szeroką trasą.

**Imparò anche a evitare Dave quando la slitta scendeva
velocemente.**

Nauczył się również unikać Dave'a, gdy sanki szybko
zjeżdżały w dół.

**"Sono cani molto buoni", disse orgoglioso François a
Perrault.**

„To bardzo dobre psy" – powiedział François z dumą
Perraultowi.

"Quel Buck tira come un dannato, glielo insegno subito."

„Ten Buck ciągnie jak diabli — uczę go tego bardzo szybko".

Più tardi quel giorno, Perrault tornò con altri due husky.

Tego samego dnia Perrault wrócił z dwoma kolejnymi psami
rasy husky.

Si chiamavano Billee e Joe ed erano fratelli.

Nazywali się Billee i Joe i byli braćmi.

Provenivano dalla stessa madre, ma non erano affatto simili.

Pochodzili od tej samej matki, ale wcale nie byli do siebie
podobni.

Billee era un tipo dolce e molto amichevole con tutti.
Billee była osobą słodką i bardzo przyjacielską wobec wszystkich.
Joe era l'opposto: silenzioso, arrabbiato e sempre ringhiante.
Joe był jego przeciwieństwem — cichy, wściekły i zawsze warczący.
Buck li salutò amichevolmente e si mantenne calmo con entrambi.
Buck przywitał się z nimi w przyjazny sposób i zachowywał spokój w stosunku do obojga.
Dave non prestò loro attenzione e rimase in silenzio come al solito.
Dave nie zwracał na nich uwagi i jak zwykle milczał.
Spitz attaccò prima Billee, poi Joe, per dimostrare la sua superiorità.
Spitz zaatakował najpierw Billee, potem Joego, aby pokazać swoją dominację.
Billee scodinzolava e cercava di essere amichevole con Spitz.
Billee merdał ogonem i próbował być przyjazny wobec Spitz.
Quando questo non funzionò, cercò di scappare.
Gdy to nie pomogło, spróbował uciec.
Pianse tristemente quando Spitz lo morse forte sul fianco.
Zapłakał smutno, gdy Spitz ugryzł go mocno w bok.
Ma Joe era molto diverso e si rifiutava di farsi prendere in giro.
Ale Joe był zupełnie inny i nie dał się zastraszyć.
Ogni volta che Spitz si avvicinava, Joe si girava velocemente per affrontarlo.
Za każdym razem, gdy Spitz się zbliżał, Joe szybko odwracał się, by stanąć z nim twarzą w twarz.
La sua pelliccia si drizzò, le sue labbra si arricciarono e i suoi denti schioccarono selvaggiamente.
Jego futro się zjeżyło, wargi się wykrzywiły, a zęby kłapały dziko.
Gli occhi di Joe brillavano di paura e rabbia, sfidando Spitz a colpire.

W oczach Joego pojawił się błysk strachu i wściekłości, rzucając Spitzowi wyzwanie.

Spitz abbandonò la lotta e si voltò, umiliato e arrabbiato.

Spitz zrezygnował z walki i odwrócił się upokorzony i wściekły.

Sfogò la sua frustrazione sul povero Billee e lo cacciò via.

Wyładował swoją frustrację na biednym Billee i go przegonił.

Quella sera Perrault aggiunse un altro cane alla squadra.

Tego wieczoru Perrault dodał do zespołu jeszcze jednego psa.

Questo cane era vecchio, magro e coperto di cicatrici di battaglia.

Ten pies był stary, chudy i pokryty bliznami po bitwach.

Gli mancava un occhio, ma l'altro brillava di potere.

Jedno oko mu brakowało, ale drugie błyszczało mocą.

Il nome del nuovo cane era Solleks, che significa "l'Arrabbiato".

Nowemu psu nadano imię Solleks, co oznaczało Wściekły.

Come Dave, Solleks non chiedeva nulla agli altri e non dava nulla in cambio.

Podobnie jak Dave, Solleks niczego od innych nie wymagał i nic nie dawał w zamian.

Quando Solleks entrò lentamente nell'accampamento, persino Spitz rimase lontano.

Gdy Solleks powoli wkroczył do obozu, nawet Spitz trzymał się z daleka.

Aveva una strana abitudine che Buck ebbe la sfortuna di scoprire.

Miał dziwny zwyczaj, który Buck miał pecha odkryć.

Solleks detestava essere avvicinato dal lato in cui era cieco.

Solleks nie znosił, gdy ktoś podchodził do niego od strony, w której był niewidomy.

Buck non lo sapeva e commise quell'errore per sbaglio.

Buck nie wiedział o tym i popełnił ten błąd przez przypadek.

Solleks si voltò di scatto e colpì la spalla di Buck in modo profondo e rapido.

Solleks obrócił się i szybko i głęboko uderzył Bucka w ramię.

Da quel momento in poi, Buck non si avvicinò mai più al lato cieco di Solleks.

Od tego momentu Buck nigdy już nie zbliżał się do ślepej strony Solleksa.

Non ebbero mai più problemi per il resto del tempo che trascorsero insieme.

Przez cały spędzony wspólnie czas nie mieli już żadnych kłopotów.

Solleks voleva solo essere lasciato solo, come il tranquillo Dave.

Solleks pragnął jedynie, by go zostawiono w spokoju, jak cichy Dave.

Ma Buck avrebbe scoperto in seguito che ognuno di loro aveva un altro obiettivo segreto.

Ale Buck później dowiedział się, że każdy z nich miał jeszcze jeden, sekretny cel.

Quella notte Buck si trovò ad affrontare una nuova e preoccupante sfida: come dormire.

Tej nocy Buck stanął przed nowym i trudnym wyzwaniem — jak spać.

La tenda era illuminata caldamente dalla luce delle candele nel campo innevato.

Namiot rozświetlał się ciepłym blaskiem świec na zaśnieżonym polu.

Buck entrò, pensando che lì avrebbe potuto riposare come prima.

Buck wszedł do środka, myśląc, że będzie mógł tam odpocząć jak poprzednio.

Ma Perrault e François gli urlarono contro e gli tirarono delle padelle.

Ale Perrault i François krzyczeli na niego i rzucali patelniami.

Sconvolto e confuso, Buck corse fuori nel freddo gelido.

Zszokowany i zdezorientowany Buck wybiegł na mroźne zimno.

Un vento gelido gli pungeva la spalla ferita e gli congelava le zampe.

Przenikliwy wiatr szczypał go w zranione ramię i zamrażał łapy.

Si sdraiò sulla neve e cercò di dormire all'aperto.

Położył się na śniegu i próbował spać pod gołym niebem.

Ma il freddo lo costrinse presto a rialzarsi, tremando forte.

Jednak zimno zmusiło go do wstania, trzęsąc się mocno.

Vagò per l'accampamento, cercando di trovare un posto più caldo.

Wędrował po obozie, próbując znaleźć cieplejsze miejsce.

Ma ogni angolo era freddo come quello precedente.

Ale każdy kąt był tak samo zimny jak poprzedni.

A volte dei cani feroci gli saltavano addosso dall'oscurità.

Czasami z ciemności wyskakiwały na niego dzikie psy.

Buck drizzò il pelo, scoprì i denti e ringhiò in tono ammonitore.

Buck nastroszył futro, obnażył zęby i warknął ostrzegawczo.

Lui stava imparando in fretta e gli altri cani si sono subito tirati indietro.

Uczył się szybko, a pozostałe psy szybko ustępowały.

Tuttavia, non aveva un posto dove dormire e non aveva idea di cosa fare.

Nadal nie miał gdzie spać i nie miał pojęcia, co robić.

Alla fine gli venne in mente un pensiero: andare a dare un'occhiata ai suoi compagni di squadra.

W końcu przyszedł mu do głowy pewien pomysł – sprawdzić, co u jego kolegów z drużyny.

Ritornò nella loro zona e rimase sorpreso nel constatare che non c'erano più.

Wrócił w ich okolice i ze zdziwieniem stwierdził, że ich tam nie ma.

Cercò di nuovo nell'accampamento, ma ancora non riuscì a trovarli.

Ponownie przeszukał obóz, lecz nadal nie mógł ich znaleźć.

Sapeva che loro non potevano stare nella tenda, altrimenti ci sarebbe stato anche lui.

Wiedział, że nie mogą być w namiocie, bo on też by się tam znalazł.

E allora, dove erano finiti tutti i cani in quell'accampamento ghiacciato?

Gdzie więc podziały się wszystkie psy w tym zamarzniętym obozie?

Buck, infreddolito e infelice, girò lentamente intorno alla tenda.

Buck, zmarznięty i nieszczęśliwy, powoli krążył wokół namiotu.

All'improvviso, le sue zampe anteriori sprofondarono nella neve soffice e lo spaventarono.

Nagle jego przednie nogi zapadły się w miękki śnieg, co go przestraszyło.

Qualcosa si mosse sotto i suoi piedi e lui fece un salto indietro per la paura.

Coś poruszyło się pod jego stopami i ze strachu odskoczył.

Ringhiava e ringhiava, non sapendo cosa si nascondesse sotto la neve.

Warczał i szczekał, nie wiedząc, co kryje się pod śniegiem.

Poi udì un piccolo abbaio amichevole che placò la sua paura.

Wtedy usłyszał przyjazne szczekanie, które ukoiło jego strach.

Annusò l'aria e si avvicinò per vedere cosa fosse nascosto.

Wciągnął powietrze i podszedł bliżej, żeby zobaczyć, co jest ukryte.

Sotto la neve, rannicchiata in una calda palla, c'era la piccola Billee.

Pod śniegiem, zwinięta w ciepłą kulkę, leżała mała Billee.

Billee scodinzolò e leccò il muso di Buck per salutarlo.

Billee merdał ogonem i polizał Bucka po twarzy, by go powitać.

Buck vide come Billee si era costruito un posto per dormire nella neve.

Buck zobaczył, że Billee zrobił sobie miejsce do spania na śniegu.

Aveva scavato e sfruttato il suo calore per scaldarsi.

Wykopał dół i ogrzał się własnym ciepłem.

Buck aveva imparato un'altra lezione: ecco come dormivano i cani.

Buck nauczył się kolejnej lekcji — tak właśnie spały psy.

Scelse un posto e cominciò a scavare la sua buca nella neve.

Wybrał miejsce i zaczął kopać swoją dziurę w śniegu.

All'inizio si muoveva troppo e sprecava energie.

Na początku za dużo się ruszał i marnował energię.

Ma ben presto il suo corpo riscaldò lo spazio e si sentì al sicuro.

Ale wkrótce jego ciało ogrzało przestrzeń i poczuł się bezpiecznie.

Si rannicchiò forte e poco dopo si addormentò profondamente.

Skulił się ciasno i wkrótce zasnął.

La giornata era stata lunga e dura e Buck era esausto.

Dzień był długi i ciężki, a Buck był wyczerpany.

Dormì profondamente e comodamente, anche se fece sogni selvaggi.

Spał głęboko i wygodnie, choć jego sny były szalone.

Ringhiava e abbaiava nel sonno, contorcendosi mentre sognava.

Warczał i szczekał przez sen, kręcąc się podczas snu.

Buck non si svegliò finché l'accampamento non cominciò a prendere vita.

Buck obudził się dopiero wtedy, gdy obóz zaczął budzić się do życia.

All'inizio non sapeva dove si trovasse o cosa fosse successo.

Na początku nie wiedział, gdzie jest ani co się stało.

La neve era caduta durante la notte e aveva seppellito completamente il suo corpo.

W nocy spadł śnieg i całkowicie przykrył jego ciało.

La neve lo circondava, fitta su tutti i lati.

Śnieg był przyciśnięty do niego ze wszystkich stron.

All'improvviso un'ondata di paura percorse tutto il corpo di Buck.

Nagle fala strachu przebiegła przez całe ciało Bucka.

Era la paura di rimanere intrappolati, una paura che proveniva da istinti profondi.

To był strach przed uwięzieniem, strach wynikający z głęboko zakorzenionych instynktów.

Sebbene non avesse mai visto una trappola, la paura era viva dentro di lui.

Choć nigdy nie widział pułapki, strach wciąż w nim żył.

Era un cane addomesticato, ma ora i suoi vecchi istinti selvaggi si stavano risvegliando.

Był oswojonym psem, ale teraz obudziły się w nim dawne, dzikie instynkty.

I muscoli di Buck si irrigidirono e il pelo gli si rizzò su tutta la schiena.

Mięśnie Bucka napięły się, a sierść stanęła mu dęba na całym grzbiecie.

Ringhiò furiosamente e balzò in piedi nella neve.

Warknął dziko i wyskoczył prosto w śnieg.

La neve volava in ogni direzione mentre lui irrompeva nella luce del giorno.

Gdy wyszedł na światło dzienne, śnieg rozprysł się we wszystkich kierunkach.

Ancora prima di atterrare, Buck vide l'accampamento disteso davanti a lui.

Jeszcze przed lądowaniem Buck zobaczył rozpościerający się przed nim obóz.

Ricordò tutto del giorno prima, tutto in una volta.

Natychmiast przypomniało mu się wszystko, co wydarzyło się poprzedniego dnia.

Ricordava di aver passeggiato con Manuel e di essere finito in quel posto.

Przypomniał sobie spacer z Manuelem i to, jak wylądował w tym miejscu.

Ricordava di aver scavato la buca e di essersi addormentato al freddo.

Pamiętał, jak wykopał dół i zasnął na zimnie.

Ora era sveglio e il mondo selvaggio intorno a lui era limpido.

Teraz się obudził i dziki świat wokół niego stał się wyraźny.

Un grido di François annunciò l'improvvisa apparizione di Buck.

François krzyknął na powitanie nagłego pojawienia się Bucka.

"Cosa ho detto?" gridò a gran voce il conducente del cane a Perrault.

„Co powiedziałem?" – krzyknął głośno poganiacz psów do Perraulta.

"Quel Buck impara sicuramente in fretta", ha aggiunto François.

„Ten Buck na pewno uczy się szybciej niż cokolwiek innego" – dodał François.

Perrault annuì gravemente, visibilmente soddisfatto del risultato.

Perrault skinął głową z powagą, wyraźnie zadowolony z rezultatu.

In qualità di corriere del governo canadese, trasportava dispacci.

Jako kurier rządu kanadyjskiego przewoził depesze.

Era ansioso di trovare i cani migliori per la sua importante missione.

Zależało mu na znalezieniu najlepszych psów do swojej ważnej misji.

Ora si sentiva particolarmente contento che Buck facesse parte della squadra.

Poczuł się szczególnie zadowolony, że Buck stał się częścią zespołu.

Nel giro di un'ora, alla squadra furono aggiunti altri tre husky.

W ciągu godziny do zespołu dołączyły trzy kolejne husky.

Ciò ha portato il numero totale dei cani della squadra a nove.

W rezultacie łączna liczba psów w zespole wzrosła do dziewięciu.

Nel giro di quindici minuti tutti i cani erano imbracati.

W ciągu piętnastu minut wszystkie psy były już w uprzężach.

La squadra di slitte stava risalendo il sentiero verso Dyea Cañon.

Zespół saneczkowy jechał szlakiem w kierunku Dyea Cañon.

Buck era contento di andarsene, anche se il lavoro che lo attendeva era duro.

Buck cieszył się, że odchodzi, nawet jeśli praca, która go czekała, była ciężka.

Scoprì di non disprezzare particolarmente né il lavoro né il freddo.

Odkrył, że nie gardzi szczególnie pracą ani zimnem.

Fu sorpreso dall'entusiasmo che pervadeva tutta la squadra.

Zaskoczyła go chęć, jaka ogarnęła cały zespół.

Ancora più sorprendente fu il cambiamento avvenuto in Dave e Solleks.

Jeszcze bardziej zaskakująca była zmiana, jaka zaszła u Dave'a i Solleksa.

Questi due cani erano completamente diversi quando venivano imbrigliati.

Te dwa psy były zupełnie inne, gdy je zaprzęgano.

La loro passività e la loro disattenzione erano completamente scomparse.

Ich bierność i brak zainteresowania całkowicie zniknęły.

Erano attenti e attivi, desiderosi di svolgere bene il loro lavoro.

Byli czujni i aktywni, chcieli dobrze wykonać swoją pracę.

Si irritavano ferocemente per qualsiasi cosa provocasse ritardi o confusione.

Denerwowało ich wszystko, co powodowało opóźnienia lub zamieszanie.

Il duro lavoro sulle redini era il centro del loro intero essere.

Ciężka praca nad lejcami była istotą ich istoty.

Sembrava che l'unica cosa che gli piacesse davvero fosse tirare la slitta.

Wydawało się, że ciągnięcie sań było jedyną rzeczą, która sprawiała im prawdziwą przyjemność.

Dave era in fondo al gruppo, il più vicino alla slitta.

Dave był z tyłu grupy, najbliżej sań.

Buck fu messo davanti a Dave e Solleks superò Buck.

Buck został umieszczony przed Dave'em, a Solleks wyprzedził Bucka.

Il resto dei cani era disposto in fila indiana davanti a loro.

Reszta psów ustawiła się przed nami w pojedynczym szeregu.

La posizione di testa in prima linea era occupata da Spitz.

Na czele stawki znalazł się Spitz.

Buck era stato messo tra Dave e Solleks per essere istruito.

Buck został umieszczony między Dave'em i Solleksem w celu przeprowadzenia instrukcji.

Lui imparava in fretta e gli insegnanti erano risoluti e capaci.

Uczył się szybko, a ich nauczyciele byli stanowczymi i kompetentnymi ludźmi.

Non permisero mai a Buck di restare a lungo nell'errore.

Nigdy nie pozwolili, by Buck zbyt długo tkwił w błędzie.

Quando necessario, impartivano le lezioni con denti affilati.

Gdy zachodziła taka potrzeba, nauczali ostro.

Dave era giusto e dimostrava una saggezza pacata e seria.

Dave był sprawiedliwy i wykazywał się spokojną, poważną mądrością.

Non mordeva mai Buck senza una buona ragione.

Nigdy nie ugryzł Bucka bez ważnego powodu.

Ma non mancava mai di mordere quando Buck aveva bisogno di essere corretto.

Ale zawsze potrafił ugryźć Bucka, gdy ten potrzebował skarcenia.

La frusta di François era sempre pronta e sosteneva la loro autorità.

Bicz François'a był zawsze gotowy do użycia i potwierdzał ich autorytet.

Buck scoprì presto che era meglio obbedire che reagire.

Buck wkrótce doszedł do wniosku, że lepiej jest słuchać, niż stawiać opór.

Una volta, durante un breve riposo, Buck rimase impigliato nelle redini.

Pewnego razu, podczas krótkiego odpoczynku, Buck zaplątał się w lejce.

Ritardò la partenza e confuse i movimenti della squadra.

Opóźnił start i zakłócił ruchy drużyny.

Dave e Solleks si avventarono su di lui e lo picchiarono duramente.

Dave i Solleks rzucili się na niego i mocno go pobili.

La situazione peggiorò ulteriormente, ma Buck imparò bene la lezione.

Kłótnia stawała się coraz gorsza, ale Buck wyciągnął wnioski.

Da quel momento in poi tenne le redini tese e lavorò con attenzione.

Od tej pory trzymał lejce mocno i pracował ostrożnie.

Prima che la giornata finisse, Buck aveva portato a termine gran parte del suo compito.

Zanim dzień dobiegł końca, Buckowi udało się wykonać większą część zadania.

I suoi compagni di squadra quasi smisero di correggerlo o di morderlo.

Jego koledzy z drużyny prawie przestali go poprawiać i gryźć.

La frusta di François schioccava nell'aria sempre meno spesso.

Bicz François'a przecinał powietrze coraz rzadziej.

Perrault sollevò addirittura i piedi di Buck ed esaminò attentamente ogni zampa.

Perrault podniósł nawet stopy Bucka i dokładnie obejrzał każdą łapę.

Era stata una giornata di corsa dura, lunga ed estenuante per tutti loro.

To był ciężki dzień, długi i wyczerpujący dla nich wszystkich.

Risalirono il Cañon, attraversarono Sheep Camp e superarono le Scales.

Podróżowali w górę Kanionu, przez Sheep Camp i obok Scales.

Superarono il limite della vegetazione arborea, poi ghiacciai e cumuli di neve alti diversi metri.

Przekroczyli granicę lasu, potem lodowce i zaspy śnieżne głębokie na wiele stóp.

Scalarono il grande e freddo Chilkoot Divide.

Wspięli się na zimny i nieprzyjazny Wododział Chilkoot.

Quella cresta elevata si ergeva tra l'acqua salata e l'interno ghiacciato.

Ten wysoki grzbiet oddzielał słoną wodę od zamarzniętego wnętrza.

Le montagne custodivano il triste e solitario Nord con ghiaccio e ripide salite.

Góry strzegły smutnej i samotnej Północy lodem i stromymi podejściami.

Scesero rapidamente lungo una lunga catena di laghi sotto la dorsale.

Szybko pokonali długi łańcuch jezior poniżej wododziału.

Questi laghi riempivano gli antichi crateri di vulcani spenti.

Jeziora te wypełniały starożytne kratery wygasłych wulkanów.

Quella notte tardi raggiunsero un grande accampamento presso il lago Bennett.

Późną nocą dotarli do dużego obozu nad jeziorem Bennett.

Migliaia di cercatori d'oro erano lì, intenti a costruire barche per la primavera.

Zebrały się tam tysiące poszukiwaczy złota, budujących łodzie na wiosnę.

Il ghiaccio si sarebbe presto rotto e dovevano essere pronti.

Lód miał wkrótce pęknąć, więc musieli być gotowi.

Buck scavò la sua buca nella neve e cadde in un sonno profondo.

Buck wykopał dziurę w śniegu i zapadł w głęboki sen.

Dormiva come un lavoratore, esausto dopo una dura giornata di lavoro.

Spał jak człowiek pracy, wyczerpany po ciężkim dniu ciężkiej pracy.

Ma venne strappato al sonno troppo presto, nell'oscurità.

Jednak zbyt wcześnie, w ciemnościach, został wyrwany ze snu.

Fu nuovamente imbrigliato insieme ai suoi compagni e attaccato alla slitta.

Ponownie zaprzężono go do towarzyszy i przymocowano do sań.

Quel giorno percorsero quaranta miglia, perché la neve era ben calpestata.

Tego dnia przeszli czterdzieści mil, bo śnieg był dobrze ubity.

Il giorno dopo, e per molti giorni a seguire, la neve era soffice.

Następnego dnia i przez wiele kolejnych dni śnieg był miękki.

Dovettero farsi strada da soli, lavorando di più e muovendosi più lentamente.

Musieli sami wytyczyć drogę, wkładając w to więcej wysiłku i poruszając się wolniej.

Di solito, Perrault camminava davanti alla squadra con le ciaspole palmate.

Zazwyczaj Perrault szedł przed drużyną, mając na nogach płetwiaste rakiety śnieżne.

I suoi passi compattavano la neve, facilitando lo spostamento della slitta.

Jego kroki ubijały śnieg, co ułatwiało przesuwanie się sań.

François, che era al timone della barca a vela, a volte prendeva il comando.

François, który sterował z pozycji pionowej, czasami przejmował kontrolę.

Ma era raro che François prendesse l'iniziativa

Ale rzadko zdarzało się, aby François objął prowadzenie

perché Perrault aveva fretta di consegnare le lettere e i pacchi.

ponieważ Perrault spieszył się z dostarczeniem listów i paczek.

Perrault era orgoglioso della sua conoscenza della neve, e in particolare del ghiaccio.

Perrault był dumny ze swojej wiedzy na temat śniegu, a zwłaszcza lodu.

Questa conoscenza era essenziale perché il ghiaccio autunnale era pericolosamente sottile.

Wiedza ta była niezbędna, ponieważ lód jesienią był niebezpiecznie cienki.

Dove l'acqua scorreva rapidamente sotto la superficie non c'era affatto ghiaccio.

Tam, gdzie woda płynęła szybko pod powierzchnią, nie było w ogóle lodu.

Giorno dopo giorno, la stessa routine si ripeteva senza fine.
Dzień po dniu ta sama rutyna powtarzała się bez końca.
Buck lavorava senza sosta con le redini, dall'alba alla sera.
Buck nieustannie pracował na lejcach od świtu do nocy.
Lasciarono l'accampamento al buio, molto prima che sorgesse il sole.
Opuścili obóz po ciemku, na długo przed wschodem słońca.
Quando spuntò l'alba, avevano già percorso molti chilometri.
Gdy nastał dzień, mieli już za sobą wiele mil.
Si accamparono dopo il tramonto, mangiando pesce e scavando buche nella neve.
Rozbili obóz po zapadnięciu zmroku, jedli ryby i zakopywali się w śniegu.
Buck era sempre affamato e non era mai veramente soddisfatto della sua razione.
Buck był zawsze głodny i nigdy nie był w pełni zadowolony ze swojego pożywienia.
Riceveva ogni giorno mezzo chilo di salmone essiccato.
Otrzymywał półtora funta suszonego łososia dziennie.
Ma il cibo sembrò svanire dentro di lui, lasciandogli solo la fame.
Jednak jedzenie zdawało się zanikać w jego wnętrzu, pozostawiając głód.
Soffriva di continui morsi della fame e sognava di avere più cibo.
Odczuwał nieustanne bóle głodu i marzył o większej ilości jedzenia.
Gli altri cani hanno ricevuto solo mezzo chilo di cibo, ma sono rimasti forti.
Pozostałe psy dostały tylko pół kilo jedzenia, ale i tak były silne.
Erano più piccoli ed erano nati in una società nordica.
Byli mniejsi i urodzili się w północnym środowisku.

Perse rapidamente la pignoleria che aveva caratterizzato la sua vecchia vita.

Szybko utracił skrupulatność, która charakteryzowała jego dawne życie.

Fino a quel momento era stato un mangiatore prelibato, ma ora non gli era più possibile.

Kiedyś był smakoszem, ale teraz nie było to już możliwe.

I suoi compagni arrivarono primi e gli rubarono la razione rimasta.

Jego koledzy skończyli pierwsi i zabrali mu niedokończoną porcję.

Una volta cominciati, non c'era più modo di difendere il cibo da loro.

Gdy już zaczęli, nie było sposobu, aby obronić przed nimi jego jedzenie.

Mentre lui lottava contro due o tre cani, gli altri rubarono il resto.

Podczas gdy on odpędzał dwa lub trzy psy, pozostali ukradli resztę.

Per risolvere il problema, cominciò a mangiare velocemente come mangiavano gli altri.

Aby temu zaradzić, zaczął jeść tak szybko, jak inni.

La fame lo spingeva così forte che arrivò persino a prendere del cibo non suo.

Głód dawał mu się we znaki tak bardzo, że zjadał nawet pożywienie, które nie było jego.

Osservò gli altri e imparò rapidamente dalle loro azioni.

Obserwował innych i szybko wyciągał wnioski z ich działań.

Vide Pike, un nuovo cane, rubare una fetta di pancetta a Perrault.

Widział, jak Pike, nowy pies, ukradł Perraultowi kawałek bekonu.

Pike aveva aspettato che Perrault gli voltasse le spalle per rubare la pagnotta.

Pike czekał, aż Perrault odwróci się, żeby ukraść bekon.

Il giorno dopo, Buck copiò Pike e rubò l'intero pezzo.

Następnego dnia Buck skopiował Pike'a i ukradł cały kawałek.

Seguì un gran tumulto, ma Buck non fu sospettato.

Wybuchło wielkie poruszenie, ale Bucka nikt nie podejrzewał.

Al suo posto venne punito Dub, un cane goffo che veniva sempre beccato.

Zamiast tego ukarano Duba, niezdarnego psa, który zawsze dawał się złapać.

Quel primo furto fece di Buck un cane adatto a sopravvivere al Nord.

Ta pierwsza kradzież pokazała, że Buck jest psem gotowym przetrwać na Północy.

Ha dimostrato di sapersi adattare alle nuove condizioni e di saper imparare rapidamente.

Pokazał, że potrafi przystosować się do nowych warunków i szybko się uczyć.

Senza tale adattabilità, sarebbe morto rapidamente e gravemente.

Gdyby nie jego zdolności adaptacyjne, zginąłby szybko i boleśnie.

Segnò anche il crollo della sua natura morale e dei suoi valori passati.

Był to również moment załamania się jego moralności i dawnych wartości.

Nel Southland aveva vissuto secondo la legge dell'amore e della gentilezza.

Na Południu żył według prawa miłości i dobroci.

Lì aveva senso rispettare la proprietà e i sentimenti degli altri cani.

W tym przypadku sensowne było poszanowanie własności i uczuć innych psów.

Ma i Northland seguivano la legge del bastone e la legge della zanna.

Ale w Northlandzie obowiązywało prawo maczugi i prawo kła.

Chiunque rispettasse i vecchi valori era uno sciocco e avrebbe fallito.

Ktokolwiek szanował stare wartości, był głupi i poniósł porażkę.

Buck non rifletté su tutto questo nella sua mente.
Buck nie rozmyślał nad tym wszystkim.
Era in forma e quindi si adattò senza pensarci due volte.
Był sprawny, więc przystosował się bez zastanowienia.
In tutta la sua vita non era mai fuggito da una rissa.
Przez całe życie nigdy nie uciekł przed walką.
Ma la mazza di legno dell'uomo con il maglione rosso cambiò la regola.
Ale drewniana pałka mężczyzny w czerwonym swetrze zmieniła tę zasadę.
Ora seguiva un codice più profondo e antico, inscritto nel suo essere.
Teraz postępował zgodnie ze starszym, głębszym kodem zapisanym w jego istocie.
Non rubava per piacere, ma per il dolore della fame.
Nie kradł z przyjemności, lecz z bólu głodu.
Non rubava mai apertamente, ma rubava con astuzia e attenzione.
Nigdy nie kradł otwarcie, ale kradł chytrze i ostrożnie.
Agì per rispetto verso la clava di legno e per paura delle zanne.
Zrobił to z szacunku do drewnianej maczugi i ze strachu przed kłem.
In breve, ha fatto ciò che era più facile e sicuro che non farlo.
Krótko mówiąc, zrobił to, co było łatwiejsze i bezpieczniejsze, niż gdyby tego nie zrobił.
Il suo sviluppo, o forse il suo ritorno ai vecchi istinti, fu rapido.
Jego rozwój — a może powrót do dawnych instynktów — następował szybko.
I suoi muscoli si indurirono fino a diventare forti come il ferro.
Jego mięśnie stwardniały, aż stały się mocne jak żelazo.
Non gli importava più del dolore, a meno che non fosse grave.
Ból nie miał już dla niego znaczenia, chyba że był poważny.
Divenne efficiente dentro e fuori, senza sprecare nulla.

Stał się skuteczny, zarówno pod każdym względem, jak i zewnętrznie, nie marnując niczego.

Poteva mangiare cose disgustose, marce o difficili da digerire.

Potrafił jeść rzeczy obrzydliwe, zgniłe i trudne do strawienia.

Qualunque cosa mangiasse, il suo stomaco ne sfruttava ogni singolo pezzetto di valore.

Cokolwiek zjadł, jego żołądek wykorzystał każdą odrobinę wartościowego składnika.

Il suo sangue trasportava i nutrienti in tutto il suo potente corpo.

Jego krew rozprowadzała składniki odżywcze po całym jego potężnym ciele.

Ciò gli ha permesso di sviluppare tessuti forti che gli hanno conferito un'incredibile resistenza.

Dzięki temu zbudował silne tkanki, co dało mu niesamowitą wytrzymałość.

La sua vista e il suo olfatto diventarono molto più sensibili di prima.

Jego wzrok i węch stały się o wiele bardziej wrażliwe niż wcześniej.

Il suo udito diventò così acuto che riusciva a percepire anche i suoni più deboli durante il sonno.

Jego słuch stał się tak wyostrzony, że mógł słyszeć słabe dźwięki we śnie.

Nei sogni sapeva se quei suoni significavano sicurezza o pericolo.

W snach wiedział, czy dźwięki oznaczają bezpieczeństwo, czy niebezpieczeństwo.

Imparò a mordere con i denti il ghiaccio tra le dita dei piedi.

Nauczył się gryźć lód zębami między palcami.

Se una pozza d'acqua si ghiacciava, lui rompeva il ghiaccio con le gambe.

Jeśli zbiornik wodny zamarzł, rozbijał lód nogami.

Si impennò e colpì duramente il ghiaccio con gli arti anteriori rigidi.

Podniósł się i mocno uderzył w lód sztywnymi przednimi kończynami.

La sua abilità più sorprendente era quella di prevedere i cambiamenti del vento durante la notte.

Jego najbardziej zadziwiającą umiejętnością było przewidywanie zmian kierunku wiatru w ciągu nocy.

Anche quando l'aria era immobile, sceglieva luoghi riparati dal vento.

Nawet gdy powietrze było nieruchome, wybierał miejsca osłonięte od wiatru.

Ovunque scavasse il nido, il vento del giorno dopo lo superava.

Gdziekolwiek wykopał gniazdo, następnego dnia wiatr go ominął.

Alla fine si ritrovava sempre al sicuro e protetto, al riparo dal vento.

Zawsze czuł się przytulnie i bezpiecznie, po zawietrznej stronie wiatru.

Buck non solo imparò dall'esperienza: anche il suo istinto tornò.

Buck nie tylko uczył się na błędach, ale także odzyskiwał instynkty.

Le abitudini delle generazioni addomesticate cominciarono a scomparire.

Przyzwyczajenia udomowionych pokoleń zaczęły zanikać.

Ricordava vagamente i tempi antichi della sua razza.

W jakiś mglisty sposób przypominał sobie dawne czasy swojej rasy.

Ripensò a quando i cani selvatici correvano in branco nelle foreste.

Przypomniał sobie czasy, gdy dzikie psy biegały w stadach po lasach.

Avevano inseguito e ucciso la loro preda mentre la inseguivano.

Gonili i zabijali swoją ofiarę.

Per Buck fu facile imparare a combattere con forza e velocità.

Buckowi łatwo było nauczyć się walczyć z użyciem pazura i szybkości.

Come i suoi antenati, usava tagli, squarci e schiocchi rapidi.

Stosował cięcia, cięcia i szybkie trzaski tak jak jego przodkowie.

Quegli antenati si risvegliarono in lui e risvegliarono la sua natura selvaggia.

Przodkowie poruszyli się w nim i obudzili jego dziką naturę.

Le loro vecchie abilità gli erano state trasmesse attraverso la linea di sangue.

Ich stare umiejętności zostały mu przekazane poprzez linię krwi.

Ora i loro trucchi erano suoi, senza bisogno di pratica o sforzo.

Teraz ich sztuczki były jego, bez potrzeby praktyki czy wysiłku.

Nelle notti fredde e tranquille, Buck sollevava il naso e ululò.

W spokojne, zimne noce Buck podnosił nos i wył.

Ululò a lungo e profondamente, come facevano i lupi tanto tempo fa.

Wył długo i głęboko, tak jak wyły wilki dawno temu.

Attraverso di lui, i suoi antenati defunti puntarono il naso e ulularono.

Przez niego jego zmarli przodkowie wskazywali nosami i wyli.

Hanno ululato attraverso i secoli con la sua voce e la sua forma.

Wyły przez wieki jego głosem i kształtem.

Le sue cadenze erano le loro, vecchi gridi che parlavano di dolore e di freddo.

Jego rytm był ich rytmem, starymi krzykami, które mówiły o żalu i zimnie.

Cantavano dell'oscurità, della fame e del significato dell'inverno.

Śpiewali o ciemności, głodzie i znaczeniu zimy.

Buck ha dimostrato come la vita sia plasmata da forze che vanno oltre noi stessi,

Buck udowodnił, że życie kształtowane jest przez siły wykraczające poza nas samych,

l'antico canto risuonò nelle vene di Buck e si impadronì della sua anima.

starożytna pieśń przeszyła Bucka i zawładnęła jego duszą.

Ritrovò se stesso perché gli uomini avevano trovato l'oro nel Nord.

Odnalazł siebie, ponieważ ludzie na Północy znaleźli złoto.

E lo trovò perché Manuel, l'aiutante giardiniere, aveva bisogno di soldi.

A znalazł się tam, ponieważ Manuel, pomocnik ogrodnika, potrzebował pieniędzy.

La Bestia Primordiale Dominante
Dominująca pierwotna bestia

La bestia primordiale dominante era più forte che mai in Buck.
Dominująca pierwotna bestia była silna jak zawsze w przypadku Bucka.

Ma la bestia primordiale dominante era rimasta dormiente in lui.
Jednakże dominująca pierwotna bestia w nim pozostawała uśpiona.

La vita sui sentieri era dura, ma rafforzava la bestia che era in Buck.
Życie na szlaku było trudne, ale dzięki niemu w Bucku zagościła silniejsza bestia.

Segretamente la bestia diventava sempre più forte ogni giorno.
W tajemnicy bestia stawała się z dnia na dzień silniejsza.

Ma quella crescita interiore è rimasta nascosta al mondo esterno.
Jednak ten wewnętrzny rozwój pozostał ukryty przed światem zewnętrznym.

Una forza primordiale calma e silenziosa si stava formando dentro Buck.
W Bucku narastała cicha i spokojna pierwotna siła.

Una nuova astuzia diede a Buck equilibrio, calma e compostezza.
Nowa przebiegłość dała Buckowi równowagę, spokój i opanowanie.

Buck si concentrò molto sull'adattamento, senza mai sentirsi completamente rilassato.
Buck koncentrował się na przystosowaniu, nigdy nie czując się w pełni zrelaksowany.

Evitava i conflitti, non iniziava mai litigi e non cercava mai guai.
Unikał konfliktów, nigdy nie wszczynał bójek i nie szukał kłopotów.

Ogni mossa di Buck era scandita da una riflessione lenta e costante.

Każdy ruch Bucka był przepełniony powolnością i rozwagą.

Evitava scelte avventate e decisioni improvvise e sconsiderate.

Unikał pochopnych wyborów i nagłych, lekkomyślnych decyzji.

Sebbene Buck odiasse profondamente Spitz, non gli mostrò alcuna aggressività.

Mimo że Buck bardzo nienawidził Spitz'a, nie okazywał mu agresji.

Buck non provocò mai Spitz e mantenne le sue azioni moderate.

Buck nigdy nie prowokował Spitza i zachował umiar w swoich działaniach.

Spitz, d'altro canto, percepì il pericolo crescente in Buck.

Spitz z kolei wyczuł narastające zagrożenie w Bucku.

Vedeva Buck come una minaccia e una seria sfida al suo potere.

Uważał Bucka za zagrożenie i poważne wyzwanie dla swojej władzy.

Coglieva ogni occasione per ringhiare e mostrare i suoi denti aguzzi.

Przy każdej okazji warczał i pokazywał ostre zęby.

Stava cercando di dare inizio allo scontro mortale che sarebbe dovuto avvenire.

Próbował rozpocząć śmiertelną walkę, która musiała nastąpić.

All'inizio del viaggio, tra loro scoppiò quasi una lite.

Już na początku podróży niemal doszło między nimi do bójki.

Ma un incidente inaspettato impedì che il combattimento avesse luogo.

Jednak nieoczekiwany wypadek uniemożliwił dojście do walki.

Quella sera si accamparono sul gelido lago Le Barge.

Tego wieczoru rozbili obóz nad lodowatym jeziorem Le Barge.

La neve cadeva fitta e il vento era tagliente come una lama.

Śnieg padał mocno, a wiatr wiał ostro.

La notte era scesa troppo in fretta e l'oscurità li aveva avvolti.

Noc nadeszła zbyt szybko i otoczyła ich ciemność.

Difficilmente avrebbero potuto scegliere un posto peggiore per riposare.

Trudno było wybrać gorsze miejsce na odpoczynek.

I cani cercavano disperatamente un posto dove sdraiarsi.

Psy rozpaczliwie szukały miejsca, gdzie mogłyby się położyć.

Dietro il piccolo gruppo si ergeva un'alta parete rocciosa.

Za małą grupą wznosiła się wysoka, skalista ściana.

Per alleggerire il carico, la tenda era stata lasciata a Dyea.

Namiot pozostawiono w Dyea, aby zmniejszyć ładunek.

Non avevano altra scelta che accendere il fuoco direttamente sul ghiaccio.

Nie mieli innego wyjścia, jak rozpalić ogień na samym lodzie.

Stendevano i loro accappatoi direttamente sul lago ghiacciato.

Rozłożyli swoje szaty do spania bezpośrednio na zamarzniętym jeziorze.

Qualche pezzo di legno galleggiante dava loro un po' di fuoco.

Kilka kawałków drewna dało im odrobinę ognia.

Ma il fuoco è stato acceso sul ghiaccio e attraverso di esso si è scongelato.

Ale ogień rozpalił się na lodzie i rozmroził się przez niego.

Alla fine cenarono al buio.

W końcu jedli kolację w ciemnościach.

Buck si rannicchiò accanto alla roccia, al riparo dal vento freddo.

Buck zwinął się obok skały, chroniąc się przed zimnym wiatrem.

Il posto era così caldo e sicuro che Buck non voleva andarsene.

Było tam tak ciepło i bezpiecznie, że Buckowi nie chciało się stąd ruszać.

Ma François aveva scaldato il pesce e stava distribuendo le razioni.

Ale François podgrzał rybę i rozdawał racje żywnościowe.

Buck finì di mangiare in fretta e tornò a letto.

Buck szybko skończył jeść i wrócił do łóżka.

Ma Spitz ora giaceva dove Buck aveva preparato il suo letto.

Ale Spitz leżał teraz tam, gdzie Buck zrobił sobie łóżko.

Un ringhio basso avvertì Buck che Spitz si rifiutava di muoversi.

Niskie warknięcie ostrzegło Bucka, że Spitz nie zamierza się ruszyć.

Finora Buck aveva evitato lo scontro con Spitz.

Aż do tej pory Buck unikał walki ze Spitzem.

Ma nel profondo di Buck la bestia alla fine si liberò.

Lecz głęboko w sercu Bucka bestia w końcu się uwolniła.

Il furto del suo posto letto era troppo da tollerare.

Kradzież miejsca do spania była dla niego nie do zniesienia.

Buck si lanciò contro Spitz, pieno di rabbia e furore.

Buck rzucił się na Spitza, pełen gniewu i wściekłości.

Fino a quel momento Spitz aveva pensato che Buck fosse solo un grosso cane.

Aż do teraz Spitz myślał, że Buck to po prostu duży pies.

Non pensava che Buck fosse sopravvissuto grazie al suo spirito.

Nie wierzył, że Buck przeżył dzięki swojemu duchowi.

Si aspettava paura e codardia, non furia e vendetta.

Spodziewał się strachu i tchórzostwa, a nie wściekłości i zemsty.

François rimase a guardare mentre entrambi i cani schizzavano fuori dal nido in rovina.

François patrzył, jak oba psy wyskakują ze zniszczonego gniazda.

Capì subito cosa aveva scatenato quella violenta lotta.

Od razu zrozumiał, co było przyczyną tej zaciekłej walki.

"Aa-ah!" gridò François in sostegno del cane marrone.

„Aa-ah!" – krzyknął François, wspierając brązowego psa.

"Dategli una bella lezione! Per Dio, punite quel ladro furbo!"

„Dajcie mu lanie! Na Boga, ukarzcie tego podstępnego złodzieja!"

Spitz dimostrò altrettanta prontezza e fervore nel combattere.

Spitz wykazywał równą gotowość i ogromną chęć walki.

Gridò di rabbia mentre girava velocemente in tondo, cercando un varco.

Krzyknął ze złości i zaczął szybko krążyć, szukając otwarcia.

Buck mostrò la stessa fame di combattere e la stessa cautela.

Buck wykazywał tę samą chęć walki i tę samą ostrożność.

Anche lui girò intorno al suo avversario, cercando di avere la meglio nella battaglia.

Okrążył również swojego przeciwnika, próbując zyskać przewagę w walce.

Poi accadde qualcosa di inaspettato e cambiò tutto.

A potem wydarzyło się coś nieoczekiwanego i wszystko się zmieniło.

Quel momento ritardò l'eventuale lotta per la leadership.

Ten moment opóźnił ostateczną walkę o przywództwo.

Ci sarebbero ancora molti chilometri di sentiero e di lotta da percorrere prima della fine.

Do końca pozostało jeszcze wiele mil szlaku i zmagań.

Perrault urlò un'imprecazione mentre una mazza colpiva l'osso.

Perrault krzyknął przekleństwo, gdy pałka uderzyła w kość.

Seguì un acuto grido di dolore, poi il caos esplose tutt'intorno.

Potem rozległ się ostry krzyk bólu, a potem wokół wybuchł chaos.

Forme scure si muovevano nell'accampamento: husky selvatici, affamati e feroci.

Po obozie poruszały się ciemne sylwetki: dzikie husky, wygłodzone i dzikie.

Quattro o cinque dozzine di husky avevano fiutato l'accampamento da molto lontano.

Cztery lub pięć tuzinów husky wywąchało obóz z daleka.

Si erano introdotti furtivamente mentre i due cani litigavano lì vicino.

Podkradli się cicho, podczas gdy dwa psy walczyły w pobliżu.

François e Perrault si lanciarono all'attacco, colpendo con i manganelli gli invasori.

François i Perrault rzucili się do ataku, wymachując pałkami w stronę najeźdźców.

Gli husky affamati mostrarono i denti e si dibatterono freneticamente.

Wygłodzone husky pokazały zęby i walczyły zaciekle.

L'odore della carne e del pane li aveva fatti superare ogni paura.

Zapach mięsa i chleba przegoniły ich wszelki strach.

Perrault picchiò un cane che aveva nascosto la testa nella buca delle vivande.

Perrault bił psa, który schował głowę w kuwecie.

Il colpo fu violento e la scatola si ribaltò, facendo fuoriuscire il cibo.

Uderzenie było tak silne, że pudełko się przewróciło, a jedzenie wysypało się z niego.

Nel giro di pochi secondi, una ventina di bestie feroci si avventarono sul pane e sulla carne.

W ciągu kilku sekund chmara dzikich zwierząt rzuciła się na chleb i mięso.

I bastoni degli uomini sferrarono un colpo dopo l'altro, ma nessun cane si allontanò.

Mężczyźni zadawali cios za ciosem, ale żaden pies nie odwracał wzroku.

Urlavano di dolore, ma continuarono a lottare finché non rimase più cibo.

Wyli z bólu, ale walczyli, dopóki nie zabrakło im pożywienia.

Nel frattempo i cani da slitta erano saltati giù dalle loro culle innevate.

Tymczasem psy zaprzęgowe wyskoczyły ze swoich zaśnieżonych legowisk.

Furono immediatamente attaccati dai feroci e affamati husky.

Natychmiast zaatakowały ich dzikie i głodne psy husky.

Buck non aveva mai visto prima creature così selvagge e affamate.

Buck nigdy wcześniej nie widział tak dzikich i wygłodniałych stworzeń.

La loro pelle pendeva flaccida, nascondendo a malapena lo scheletro.

Ich skóra zwisała luźno, ledwie zakrywając szkielety.

C'era un fuoco nei loro occhi, per fame e follia

W ich oczach płonął ogień, od głodu i szaleństwa

Non c'era modo di fermarli, di resistere al loro assalto selvaggio.

Nie było możliwości ich zatrzymania, nie można było oprzeć się ich dzikiemu natarciu.

I cani da slitta vennero spinti indietro e premuti contro la parete della scogliera.

Psy zaprzęgowe zostały odepchnięte i przyciśnięte do ściany klifu.

Tre husky attaccarono Buck contemporaneamente, lacerandogli la carne.

Trzy husky rzuciły się na Bucka jednocześnie, rozrywając mu ciało.

Il sangue gli colava dalla testa e dalle spalle, dove era stato tagliato.

Krew lała się z jego głowy i ramion, gdzie został rozcięty.

Il rumore riempì l'accampamento: ringhi, guaiti e grida di dolore.

Hałas wypełnił obóz: warczenie, wycie i krzyki bólu.

Billee pianse forte, come al solito, presa dal panico e dalla mischia.

Billee, jak zwykle, krzyknęła głośno, pochłonięta kłótnią i paniką.

Dave e Solleks rimasero fianco a fianco, sanguinanti ma con aria di sfida.

Dave i Solleks stali obok siebie, krwawiąc, ale stawiając opór.

Joe lottava come un demonio, mordendo tutto ciò che gli si avvicinava.

Joe walczył jak demon, gryząc każdego, kto się do niego zbliżył.

Con un violento schiocco di mascelle schiacciò la zampa di un husky.

Jednym brutalnym trzaśnięciem szczęk zmiażdżył nogę husky'ego.

Pike saltò sull'husky ferito e gli ruppe il collo all'istante.

Pike rzucił się na rannego husky'ego i na miejscu złamał mu kark.

Buck afferrò un husky per la gola e gli strappò la vena.

Buck złapał husky'ego za gardło i przeciął mu żyłę.

Il sangue schizzò e il sapore caldo mandò Buck in delirio.

Trysnęła krew, a jej ciepły smak wprawił Bucka w szał.

Si lanciò contro un altro aggressore senza esitazione.

Bez wahania rzucił się na kolejnego napastnika.

Nello stesso momento, denti aguzzi si conficcarono nella gola di Buck.

W tym samym momencie ostre zęby wbiły się w gardło Bucka.

Spitz aveva colpito di lato, attaccando senza preavviso.

Spitz zaatakował z boku, niespodziewanie.

Perrault e François avevano sconfitto i cani rubando il cibo.

Perrault i François pokonali psy kradnące jedzenie.

Ora si precipitarono ad aiutare i loro cani a respingere gli aggressori.

Teraz rzucili się, by pomóc swoim psom odeprzeć napastników.

I cani affamati si ritirarono mentre gli uomini roteavano i loro manganelli.

Głodne psy cofnęły się, gdy mężczyźni wymachiwali pałkami.

Buck riuscì a liberarsi dall'attacco, ma la fuga fu breve.

Buckowi udało się uwolnić od ataku, ale ucieczka nie trwała długo.

Gli uomini corsero a salvare i loro cani e gli husky tornarono ad attaccarli.

Mężczyźni pobiegli ratować swoje psy, ale husky znów się rzuciły.

Billee, spaventato e coraggioso, si lanciò nel branco di cani.

Billee, przestraszony i odważny, rzucił się w sforę psów.

Ma poi fuggì attraverso il ghiaccio, in preda al terrore e al panico.

Ale potem uciekł przez lód, w panice i przerażeniu.

Pike e Dub li seguirono da vicino, correndo per salvarsi la vita.

Pike i Dub podążali tuż za nimi, uciekając, by ratować życie.

Il resto della squadra si disperse e li inseguì.

Reszta drużyny rozproszyła się i podążyła za nimi.

Buck raccolse le forze per correre, ma poi vide un lampo.

Buck zebrał siły, żeby uciekać, ale wtedy zobaczył błysk.

Spitz si lanciò verso Buck, cercando di buttarlo a terra.

Spitz rzucił się na Bucka, próbując powalić go na ziemię.

Sotto quella banda di husky, Buck non avrebbe avuto scampo.

Pod osłoną tej gromady husky Buck nie miałby szans na ucieczkę.

Ma Buck rimase fermo e si preparò al colpo di Spitz.

Jednak Buck pozostał nieugięty i przygotował się na cios Spitza.

Poi si voltò e corse sul ghiaccio con la squadra in fuga.

Następnie odwrócił się i wybiegł na lód wraz z uciekającą drużyną.

Più tardi i nove cani da slitta si radunarono al riparo del bosco.

Później dziewięć psów zaprzęgowych zebrało się pod osłoną lasu.

Nessuno li inseguiva più, ma erano malconci e feriti.

Nikt ich już nie gonił, ale byli pobici i ranni.

Ogni cane presentava delle ferite: quattro o cinque tagli profondi su ogni corpo.

Każdy pies miał rany: cztery lub pięć głębokich cięć na ciele każdego.

Dub aveva una zampa posteriore ferita e ora faceva fatica a camminare.

Dub miał uszkodzoną tylną nogę i teraz miał problemy z chodzeniem.

Dolly, l'ultimo cane arrivato da Dyea, aveva la gola tagliata.
Dolly, najnowszy pies z Dyea, miał poderżnięte gardło.

Joe aveva perso un occhio e l'orecchio di Billee era stato tagliato a pezzi
Joe stracił oko, a ucho Billee zostało pocięte na kawałki

Tutti i cani piansero per il dolore e la sconfitta durante la notte.
Wszystkie psy wyły z bólu i porażki przez całą noc.

All'alba tornarono lentamente all'accampamento, doloranti e distrutti.
O świcie wrócili do obozu, obolali i połamani.

Gli husky erano scomparsi, ma il danno era fatto.
Husky zniknęły, ale szkody zostały wyrządzone.

Perrault e François erano di pessimo umore e osservavano le rovine.
Perrault i François byli w kiepskim nastroju z powodu ruiny.

Metà del cibo era sparito, rubato dai ladri affamati.
Połowa jedzenia zniknęła, rozkradziona przez głodnych złodziei.

Gli husky avevano strappato le corde e la tela della slitta.
Husky rozerwały wiązania i płótno sań.

Tutto ciò che aveva odore di cibo era stato divorato completamente.
Wszystko co pachniało jedzeniem zostało całkowicie pożarte.

Mangiarono un paio di stivali da viaggio in pelle di alce di Perrault.
Zjedli parę podróżnych butów Perraulta wykonanych z łosiej skóry.

Hanno masticato le pelli e rovinato i cinturini rendendoli inutilizzabili.
Przeżuwali skórzane reisy i niszczyli paski do tego stopnia, że nie nadawały się do użytku.

François smise di fissare la frusta strappata per controllare i cani.
François przestał patrzeć na podartą rzęsę, aby sprawdzić psy.

«Ah, amici miei», disse con voce bassa e preoccupata.

„Ach, moi przyjaciele" – powiedział cichym, pełnym troski głosem.

"Forse tutti questi morsi vi trasformeranno in bestie pazze."

„Może wszystkie te ugryzienia zamienią was w szalone bestie".

"Forse tutti cani rabbiosi, sacredam! Che ne pensi, Perrault?"

„Może wszystkie wściekłe psy, sacredam! Co o tym myślisz, Perrault?"

Perrault scosse la testa, con gli occhi scuri per la preoccupazione e la paura.

Perrault pokręcił głową, jego oczy pociemniały z troski i strachu.

C'erano ancora quattrocento miglia tra loro e Dawson.

Między nimi a Dawsonem było jeszcze czterysta mil.

La follia dei cani potrebbe ormai distruggere ogni possibilità di sopravvivenza.

Szaleństwo psów może teraz zniszczyć wszelkie szanse na przetrwanie.

Hanno passato due ore a imprecare e a cercare di riparare l'attrezzatura.

Przez dwie godziny przeklinali i próbowali naprawić sprzęt.

La squadra ferita alla fine lasciò l'accampamento, distrutta e sconfitta.

Ranna drużyna w końcu opuściła obóz, złamana i pokonana.

Questo è stato il sentiero più duro finora e ogni passo è stato doloroso.

To był najtrudniejszy ze wszystkich szlaków i każdy krok sprawiał ból.

Il fiume Thirty Mile non era ghiacciato e scorreva impetuoso.

Rzeka Thirty Mile nie zamarzła i płynęła gwałtownie.

Soltanto nei punti calmi e nei vortici il ghiaccio riusciva a resistere.

Tylko w spokojnych miejscach i wirujących zawirowaniach lód udawało się utrzymać.

Trascorsero sei giorni di duro lavoro per percorrere le trenta miglia.

Po sześciu dniach ciężkiej pracy pokonaliśmy trzydzieści mil.

Ogni miglio del sentiero porta con sé pericoli e minacce di morte.

Każdy kilometr szlaku niósł ze sobą niebezpieczeństwo i groźbę śmierci.

Uomini e cani rischiavano la vita a ogni passo doloroso.

Mężczyźni i psy ryzykowali życie przy każdym bolesnym kroku.

Perrault riuscì a superare i sottili ponti di ghiaccio una dozzina di volte.

Perraultowi udało się przebić przez cienkie mosty lodowe dziesiątki razy.

Prese un palo e lo lasciò cadere nel buco creato dal suo corpo.

Wziął do ręki drąg i rzucił go w dół, w dół otworu, który zrobił jego ciało.

Quel palo salvò Perrault più di una volta dall'annegamento.

Niejednokrotnie ten kij uratował Perraulta przed utonięciem.

L'ondata di freddo persisteva, la temperatura era di cinquanta gradi sotto zero.

Fala mrozu utrzymywała się, temperatura powietrza wynosiła pięćdziesiąt stopni poniżej zera.

Ogni volta che cadeva, Perrault era costretto ad accendere un fuoco per sopravvivere.

Za każdym razem, gdy wpadł do wody, Perrault musiał rozpalić ogień, aby przeżyć.

Gli abiti bagnati si congelavano rapidamente, perciò li faceva asciugare vicino al calore cocente.

Mokre ubrania szybko zamarzały, więc suszył je w pobliżu gorącego powietrza.

Perrault non provava mai paura, e questo faceva di lui un corriere.

Perrault nigdy nie znał strachu i to uczyniło go kurierem.

Fu scelto per affrontare il pericolo e lo affrontò con silenziosa determinazione.

Wybrano go na niebezpieczeństwo i stawił mu czoła z cichą determinacją.

Si spinse in avanti controvento, con il viso raggrinzito e congelato.

Napierał na wiatr, a jego pomarszczona twarz była odmrożona.

Perrault li guidò in avanti dall'alba al tramonto.

Perrault prowadził ich dalej od bladego świtu do zapadnięcia zmroku.

Camminava sul ghiaccio sottile che scricchiolava a ogni passo.

Szedł po wąskiej krawędzi lodu, która pękała przy każdym kroku.

Non osavano fermarsi: ogni pausa rischiava di provocare un crollo mortale.

Nie odważyli się zatrzymać, gdyż każda przerwa groziła śmiertelnym upadkiem.

Una volta la slitta si ruppe, trascinando dentro Dave e Buck.

Pewnego razu sanie przebiły się i wciągnęły Dave'a i Bucka.

Quando furono liberati, entrambi erano quasi congelati.

Kiedy ich uwolniono, oboje byli prawie zamarznięci.

Gli uomini accesero rapidamente un fuoco per salvare Buck e Dave.

Mężczyźni szybko rozpalili ognisko, aby ocalić Bucka i Dave'a.

I cani erano ricoperti di ghiaccio dal naso alla coda, rigidi come legno intagliato.

Psy były pokryte lodem od nosa aż po ogon, sztywne jak rzeźbione drewno.

Gli uomini li fecero correre in cerchio vicino al fuoco per scongelarne i corpi.

Mężczyźni krążyli wokół ognia, żeby rozmrozić ciała.

Si avvicinarono così tanto alle fiamme che la loro pelliccia rimase bruciacchiata.

Podeszli tak blisko płomieni, że ich futro się przypaliło.

Spitz ruppe poi il ghiaccio, trascinando dietro di sé la squadra.

Następnie Spitz przebił się przez lód, ciągnąc za sobą drużynę.

La frenata arrivava fino al punto in cui Buck stava tirando.

Przerwa sięgała aż do miejsca, w którym ciągnął Buck.

Buck si appoggiò bruscamente allo schienale, con le zampe che scivolavano e tremavano sul bordo.

Buck odchylił się mocno do tyłu, jego łapy ześlizgnęły się i zadrżały na krawędzi.

Anche Dave si sforzò all'indietro, proprio dietro Buck sulla linea.

Dave również naprężył się do tyłu, tuż za Buckiem na linii.

François tirava la slitta e i suoi muscoli scricchiolavano per lo sforzo.

François ciągnął sanie, jego mięśnie trzeszczały z wysiłku.

Un'altra volta, il ghiaccio del bordo si è crepato davanti e dietro la slitta.

Innym razem lód na krawędzi sań popękał przed i za nimi.

Non avevano altra via d'uscita se non quella di arrampicarsi su una parete ghiacciata.

Nie mieli innego wyjścia, jak wspiąć się na zamarzniętą ścianę klifu.

In qualche modo Perrault riuscì a scalare il muro: un miracolo lo tenne in vita.

Perraultowi jakimś cudem udało się wspiąć na mur; cud pozwolił mu przeżyć.

François rimase sottocoperta, pregando che gli capitasse la stessa fortuna.

François pozostał na dole, modląc się o podobne szczęście.

Legarono ogni cinghia, legatura e tirante in un'unica lunga corda.

Związali wszystkie paski, wiązania i linki w jedną długą linę.

Gli uomini trascinarono i cani uno alla volta fino in cima.

Mężczyźni wciągnęli po kolei wszystkie psy na górę.

François salì per ultimo, dopo la slitta e tutto il carico.

François wspiął się ostatni, za saniami i całym ładunkiem.

Poi iniziò una lunga ricerca di un sentiero che scendesse dalle scogliere.

Następnie rozpoczęły się długie poszukiwania ścieżki prowadzącej w dół z klifu.

Alla fine scesero utilizzando la stessa corda che avevano costruito.

W końcu zeszli na dół, korzystając z tej samej liny, którą sami zrobili.

Scese la notte mentre tornavano al letto del fiume, esausti e doloranti.

Noc zapadła, gdy wrócili do koryta rzeki, wyczerpani i obolali.

Avevano impiegato un giorno intero per percorrere solo un quarto di miglio.

Cały dzień pozwolił im przebyć zaledwie ćwierć mili.

Quando giunsero all'Hootalinqua, Buck era sfinito.

Gdy dotarli do Hootalinqua, Buck był już wyczerpany.

Anche gli altri cani soffrivano le stesse condizioni del sentiero.

Pozostałe psy cierpiały równie mocno z powodu warunków panujących na szlaku.

Ma Perrault aveva bisogno di recuperare tempo e li spingeva avanti giorno dopo giorno.

Ale Perrault potrzebował czasu, żeby odzyskać siły, i każdego dnia wywierał na nich presję.

Il primo giorno percorsero trenta miglia fino a Big Salmon.

Pierwszego dnia przejechali trzydzieści mil do Big Salmon.

Il giorno dopo percorsero trentacinque miglia fino a Little Salmon.

Następnego dnia przebyli trzydzieści pięć mil, aby dotrzeć do Little Salmon.

Il terzo giorno percorsero quaranta miglia ghiacciate.

Trzeciego dnia przebyli czterdzieści długich, zamarzniętych mil.

A quel punto si stavano avvicinando all'insediamento di Five Fingers.

Wówczas zbliżali się do osady Five Fingers.

I piedi di Buck erano più morbidi di quelli duri degli husky autoctoni.

Stopy Bucka były bardziej miękkie niż twarde stopy rodzimych husky.

Le sue zampe erano diventate tenere nel corso di molte generazioni civilizzate.

Jego łapy stały się wrażliwsze na przestrzeni wielu cywilizowanych pokoleń.

Molto tempo fa, i suoi antenati erano stati addomesticati dagli uomini del fiume o dai cacciatori.

Dawno temu jego przodkowie zostali oswojeni przez ludzi żyjących nad rzekami lub myśliwych.

Ogni giorno Buck zoppicava per il dolore, camminando con le zampe screpolate e doloranti.

Buck każdego dnia utykał z bólu, chodząc na poranionych, bolących łapach.

Giunto all'accampamento, Buck cadde come un corpo senza vita sulla neve.

W obozie Buck padł bez życia na śnieg.

Sebbene fosse affamato, Buck non si alzò per consumare il pasto serale.

Chociaż Buck był głodny, nie wstał, aby zjeść kolację.

François portò la sua razione a Buck, mettendogli del pesce vicino al muso.

François przyniósł Buckowi jego porcję, kładąc rybę za pysk.

Ogni notte l'autista massaggiava i piedi di Buck per mezz'ora.

Każdej nocy kierowca masował stopy Bucka przez pół godziny.

François arrivò persino a tagliare i suoi mocassini per farne delle calzature per cani.

François nawet pociął własne mokasyny na kawałki, aby zrobić z nich obuwie dla psów.

Quattro scarpe calde diedero a Buck un grande e gradito sollievo.

Cztery ciepłe buty dały Buckowi wielką i mile widzianą ulgę.

Una mattina François dimenticò le scarpe e Buck si rifiutò di alzarsi.

Pewnego ranka François zapomniał o butach, a Buck nie chciał wstać.

Buck giaceva sulla schiena, con i piedi in aria, e li agitava in modo pietoso.

Buck leżał na plecach, machając stopami w powietrzu i żałośnie nimi machając.

Persino Perrault sorrise alla vista dell'appello drammatico di Buck.

Nawet Perrault uśmiechnął się na widok dramatycznej prośby Bucka.

Ben presto i piedi di Buck diventarono duri e le scarpe poterono essere tolte.

Wkrótce stopy Bucka stwardniały i buty można było wyrzucić.

A Pelly, durante il periodo in cui veniva imbrigliata, Dolly emise un ululato terribile.

W czasie zaprzęgu Pelly Dolly wydała z siebie przeraźliwy wycie.

Il grido era lungo e pieno di follia, e fece tremare tutti i cani.

Krzyk był długi i pełen szaleństwa, wstrząsnął każdym psem.

Ogni cane si rizzava per la paura, senza capirne il motivo.

Każdy pies zjeżył się ze strachu, nie wiedząc dlaczego.

Dolly era impazzita e si era scagliata contro Buck.

Dolly wpadła w szał i rzuciła się prosto na Bucka.

Buck non aveva mai visto la follia, ma l'orrore gli riempì il cuore.

Buck nigdy nie widział szaleństwa, ale jego serce przepełniało przerażenie.

Senza pensarci due volte, si voltò e fuggì in preda al panico più assoluto.

Nie zastanawiając się długo, odwrócił się i uciekł w kompletnej panice.

Dolly lo inseguì, con gli occhi selvaggi e la saliva che le colava dalle fauci.

Dolly goniła go, jej oczy były dzikie, a z pyska ciekła ślina.

Si tenne sempre dietro a Buck, senza mai guadagnare terreno e senza mai indietreggiare.

Trzymała się tuż za Buckiem, ani go nie wyprzedzała, ani nie zwalniała.

Buck corse attraverso i boschi, giù per l'isola, sul ghiaccio frastagliato.

Buck pobiegł przez lasy, w dół wyspy, po nierównym lodzie.

Attraversò un'isola, poi un'altra, per poi tornare indietro verso il fiume.

Przepłynął na jedną wyspę, potem na drugą, wracając w stronę rzeki.

Dolly continuava a inseguirlo, ringhiando sempre più forte a ogni passo.

Dolly nadal go goniła, warcząc przy każdym kroku.

Buck poteva sentire il suo respiro e la sua rabbia, anche se non osava voltarsi indietro.

Buck słyszał jej oddech i wściekłość, choć nie odważył się obejrzeć.

François gridò da lontano e Buck si voltò verso la voce.

François krzyknął z daleka i Buck odwrócił się w kierunku głosu.

Ancora senza fiato, Buck corse oltre, riponendo ogni speranza in François.

Buck, wciąż łapczywie łapiąc powietrze, przebiegł obok, pokładając całą nadzieję w François.

Il conducente del cane sollevò un'ascia e aspettò che Buck gli passasse accanto.

Poganiacz psa podniósł siekierę i czekał, aż Buck przeleci obok.

L'ascia calò rapidamente e colpì la testa di Dolly con forza mortale.

Topór opadł szybko i uderzył Dolly w głowę ze śmiertelną siłą.

Buck crollò vicino alla slitta, ansimando e incapace di muoversi.

Buck upadł obok sań, dysząc i nie mogąc się ruszyć.

Quel momento diede a Spitz la possibilità di colpire un nemico esausto.

Ten moment dał Spitzowi szansę na zaatakowanie
wyczerpanego przeciwnika.

**Morse Buck due volte, strappandogli la carne fino all'osso
bianco.**

Dwa razy ugryzł Bucka, rozrywając jego ciało aż do białej
kości.

**La frusta di François schioccò, colpendo Spitz con tutta la
sua forza, con furia.**

Bicz François'a trzasnął, uderzając Spitza z pełną, wściekłą
siłą.

**Buck guardò con gioia Spitz mentre riceveva il pestaggio più
duro fino a quel momento.**

Buck z radością patrzył, jak Spitz otrzymał najmocniejsze lanie
w swojej karierze.

«È un diavolo, quello Spitz», borbottò Perrault tra sé e sé.

„Ten Szpic to prawdziwy diabeł" – mruknął ponuro Perrault
do siebie.

**"Un giorno o l'altro, quel cane maledetto ucciderà Buck, lo
giuro."**

„Pewnego dnia, niedługo, ten przeklęty pies zabije Bucka,
przysięgam."

**«Quel Buck ha due diavoli dentro di sé», rispose François
annuendo.**

„W tym Bucku kryją się dwa diabły" – odpowiedział François,
kiwając głową.

**"Quando osservo Buck, so che dentro di lui si cela qualcosa
di feroce."**

„Kiedy patrzę na Bucka, wiem, że kryje się w nim coś
groźnego".

"Un giorno, si infurierà come il fuoco e farà a pezzi Spitz."

„Pewnego dnia wpadnie we wściekłość i rozszarpie Spitza na
strzępy."

"Masticherà quel cane e lo sputerà sulla neve ghiacciata."

„On pogryzie tego psa i wypluje go na zamarznięty śnieg".

"Certo, lo so fin nel profondo."

„Na pewno, czuję to głęboko w kościach."

Da quel momento in poi, i due cani furono in guerra tra loro.

Od tego momentu pomiędzy dwoma psami trwała wojna.
Spitz guidava la squadra e deteneva il potere, ma Buck lo sfidava.
Spitz przewodził drużynie i miał władzę, ale Buck temu zakwestionował.
Spitz si rese conto che il suo rango era minacciato da questo strano straniero del Sud.
Spitz uznał, że jego ranga jest zagrożona przez tego dziwnego przybysza z Południa.
Buck era diverso da tutti i cani del sud che Spitz aveva conosciuto fino ad allora.
Buck nie przypominał żadnego południowego psa, jakiego szpice kiedykolwiek znali.
La maggior parte di loro fallì: troppo deboli per sopravvivere al freddo e alla fame.
Większość z nich poniosła porażkę — byli zbyt słabi, by przetrwać zimno i głód.
Morirono rapidamente a causa del lavoro, del gelo e del lento bruciare della carestia.
Umierali szybko z powodu pracy, mrozu i powolnego głodu.
Buck si distingueva: ogni giorno più forte, più intelligente e più selvaggio.
Buck wyróżniał się — z każdym dniem silniejszy, mądrzejszy i bardziej dziki.
Ha prosperato nonostante le difficoltà, crescendo al pari degli husky del nord.
Dobrze znosił trudności i dorósł dorównując północnym husky.
Buck era dotato di forza, abilità straordinaria e un istinto paziente e letale.
Buck miał siłę, niezwykłe umiejętności oraz cierpliwy i śmiercionośny instynkt.
L'uomo con la mazza aveva annientato Buck per fargli perdere la temerarietà.
Człowiek z pałką wybił Bucka z rytmu.
La furia cieca se n'era andata, sostituita da un'astuzia silenziosa e dal controllo.

Ślepa furia zniknęła, zastąpiona cichą przebiegłością i kontrolą.

Attese, calmo e primordiale, in attesa del momento giusto.

Czekał spokojnie i pierwotnie, wypatrując właściwego momentu.

La loro lotta per il comando divenne inevitabile e chiara.

Ich walka o dowództwo stała się nieunikniona i oczywista.

Buck desiderava la leadership perché il suo spirito la richiedeva.

Buck pragnął przywództwa, ponieważ wymagał tego jego duch.

Era spinto da quello strano orgoglio che nasceva dal sentiero e dall'imbracatura.

Napędzała go dziwna duma zrodzona z wypraw szlakowych i uprzęży.

Quell'orgoglio faceva sì che i cani tirassero fino a crollare sulla neve.

Ta duma sprawiała, że psy ciągnęły, aż padły na śnieg.

L'orgoglio li spinse a dare tutta la forza che avevano.

Duma kazała im dać z siebie wszystko.

L'orgoglio può trascinare un cane da slitta fino al punto di ucciderlo.

Pycha może doprowadzić psa zaprzęgowego nawet do śmierci.

Perdere l'imbracatura rendeva i cani deboli e senza scopo.

Utrata uprzęży powodowała, że psy były wyniszczone i pozbawione celu.

Il cuore di un cane da slitta può essere spezzato dalla vergogna quando va in pensione.

Serce psa zaprzęgowego może zostać złamane przez wstyd, gdy przejdzie na emeryturę.

Dave viveva con questo orgoglio mentre trascinava la slitta da dietro.

Dave kierował się tą dumą, ciągnąc sanie od tyłu.

Anche Solleks diede il massimo con cupa forza e lealtà.

Solleks także dał z siebie wszystko, wykazał się ponurą siłą i lojalnością.

Ogni mattina l'orgoglio li trasformava da amareggiati a determinati.

Każdego ranka duma zmieniała ich z rozgoryczonych w zdeterminowanych.

Spinsero per tutto il giorno, poi tacquero una volta giunti alla fine dell'accampamento.

Naciskali cały dzień, a potem ucichli na końcu obozu.

Quell'orgoglio diede a Spitz la forza di mettere in riga i fannulloni.

Ta duma dała Spitzowi siłę, by zmusić uchylających się od służby do stania w szeregu.

Spitz temeva Buck perché Buck nutriva lo stesso profondo orgoglio.

Spitz bał się Bucka, ponieważ Buck był dumny z siebie i innych.

L'orgoglio di Buck ora si agitò contro Spitz, ma lui non si fermò.

Duma Bucka w tej chwili obudziła Spitza i nie przestawał.

Buck sfidò il potere di Spitz e gli impedì di punire i cani.

Buck sprzeciwił się Spitzowi i uniemożliwił mu karanie psów.

Quando gli altri fallivano, Buck si frapponeva tra loro e il loro capo.

Kiedy inni zawiedli, Buck stanął między nimi a ich przywódcą.

Lo fece con intenzione, rendendo la sua sfida aperta e chiara.

Uczynił to celowo, czyniąc swoje wyzwanie otwartym i jasnym.

Una notte una forte nevicata coprì il mondo in un profondo silenzio.

Pewnej nocy gęsty śnieg pokrył świat głęboką ciszą.

La mattina dopo, Pike, pigro come sempre, non si alzò per andare al lavoro.

Następnego ranka Pike, leniwy jak zwykle, nie wstał do pracy.

Rimase nascosto nel suo nido sotto uno spesso strato di neve.

Pozostał ukryty w gnieździe pod grubą warstwą śniegu.

François gridò e cercò, ma non riuscì a trovare il cane.

François wołał i szukał psa, ale nie mógł go znaleźć.

Spitz si infuriò e si scagliò contro l'accampamento coperto di neve.

Spitz wpadł we wściekłość i pobiegł przez pokryty śniegiem obóz.

Ringhiò e annusò, scavando freneticamente con gli occhi fiammeggianti.

Warczał i węszył, kopiąc jak szalony, a jego oczy płonęły.

La sua rabbia era così violenta che Pike tremava sotto la neve per la paura.

Jego wściekłość była tak wielka, że Pike trząsł się pod śniegiem ze strachu.

Quando finalmente Pike fu trovato, Spitz si lanciò per punire il cane nascosto.

Kiedy w końcu odnaleziono Pike'a, Spitz rzucił się, by ukarać ukrywającego się psa.

Ma Buck si scagliò tra loro con una furia pari a quella di Spitz.

Jednakże Buck rzucił się między nich z wściekłością równą wściekłości Spitz'a.

L'attacco fu così improvviso e astuto che Spitz cadde a terra.

Atak był tak nagły i sprytny, że Spitz stracił równowagę.

Pike, che tremava, trasse coraggio da questa sfida.

Pike, który cały się trząsł, nabrał odwagi dzięki temu buntowi.

Seguendo l'audace esempio di Buck, saltò sullo Spitz caduto.

Skoczył na leżącego Szpica, idąc za śmiałym przykładem Bucka.

Buck, non più vincolato dall'equità, si unì allo sciopero di Spitz.

Buck, nie kierując się już zasadami uczciwości, przyłączył się do strajku na Spitz.

François, divertito ma fermo nella disciplina, agitò la sua pesante frusta.

François, rozbawiony, lecz stanowczy w dyscyplinie, zamachnął się ciężkim batem.

Colpì Buck con tutta la sua forza per interrompere la rissa.

Uderzył Bucka z całej siły, aby przerwać walkę.

Buck si rifiutò di muoversi e rimase in groppa al capo caduto.

Buck odmówił ruchu i pozostał na leżącym przywódcy.

François allora usò il manico della frusta e colpì Buck con violenza.

Następnie François użył rękojeści bata i uderzył Bucka mocno.

Barcollando per il colpo, Buck cadde all'indietro sotto l'assalto.

Buck zatoczył się od ciosu i upadł pod naporem ataku.

François colpì più volte mentre Spitz puniva Pike.

François uderzał raz po raz, podczas gdy Spitz karał Pike'a.

Passarono i giorni e Dawson City si avvicinava sempre di più.

Dni mijały, a Dawson City było coraz bliżej.

Buck continuava a intromettersi, infilandosi tra Spitz e gli altri cani.

Buck ciągle wtrącał się, wślizgując się między Spitz i inne psy.

Sceglieva bene i suoi momenti, aspettando sempre che François se ne andasse.

Dobrze wybierał momenty, zawsze czekając, aż François odejdzie.

La ribellione silenziosa di Buck si diffuse e il disordine prese piede nella squadra.

Cichy bunt Bucka rozprzestrzenił się, a w drużynie zapanował nieporządek.

Dave e Solleks rimasero leali, ma altri diventarono indisciplinati.

Dave i Solleks pozostali lojalni, ale inni stali się nieposłuszni.

La squadra peggiorò: divenne irrequieta, litigiosa e fuori luogo.

W zespole działo się coraz gorzej — byli niespokojni, kłótliwi i wykraczali poza swoje granice.

Ormai niente filava liscio e le liti diventavano all'ordine del giorno.

Nic już nie działało tak, jak powinno, a walki stały się codziennością.

Buck rimase sempre al centro dei guai, provocando disordini.
Buck pozostawał w centrum problemów i stale prowokował niepokoje.
François rimase vigile, temendo la lotta tra Buck e Spitz.
François pozostał czujny, bojąc się walki między Buckiem i Spitzem.
Ogni notte veniva svegliato da zuffe e temeva che finalmente fosse arrivato l'inizio.
Każdej nocy budziły go bójki, obawiał się, że w końcu nadszedł początek.
Balzò fuori dalla veste, pronto a interrompere la rissa.
Zerwał się z szaty, gotowy przerwać walkę.
Ma il momento non arrivò mai e alla fine raggiunsero Dawson.
Ale ten moment nie nadszedł i w końcu dotarli do Dawson.
La squadra entrò in città in un pomeriggio cupo, teso e silenzioso.
Zespół wkroczył do miasta pewnego ponurego popołudnia, pełnego napięcia i ciszy.
La grande battaglia per la leadership era ancora sospesa nell'aria gelida.
Wielka bitwa o przywództwo wciąż wisiała w mroźnym powietrzu.
Dawson era piena di uomini e cani da slitta, tutti impegnati nel lavoro.
W Dawson było pełno mężczyzn i psów zaprzęgowych, wszyscy zajęci pracą.
Buck osservava i cani trainare i carichi dalla mattina alla sera.
Buck obserwował psy ciągnące ładunki od rana do wieczora.
Trasportavano tronchi e legna da ardere e spedivano rifornimenti alle miniere.
Przewozili kłody i drewno opałowe, dostarczali zaopatrzenie do kopalni.
Nel Southland, dove un tempo lavoravano i cavalli, ora lavoravano i cani.

Tam, gdzie kiedyś na Południu pracowały konie, teraz pracowały psy.

Buck vide alcuni cani provenienti dal Sud, ma la maggior parte erano husky simili a lupi.

Buck widział kilka psów z Południa, ale większość z nich to były husky przypominające wilki.

Di notte, puntuali come un orologio, i cani alzavano la voce e cantavano.

Nocą, jak w zegarku, psy podnosiły głosy, śpiewając.

Alle nove, a mezzanotte e di nuovo alle tre, il canto cominciò.

O dziewiątej, o północy i ponownie o trzeciej rozpoczynało się śpiewanie.

Buck amava unirsi al loro canto inquietante, selvaggio e antico nel suono.

Buck uwielbiał przyłączać się do ich niesamowitego śpiewu, dzikiego i pradawnego w brzmieniu.

L'aurora fiammeggiava, le stelle danzavano e la neve ricopriva la terra.

Zorza polarna płonęła, gwiazdy tańczyły, a ziemia pokryła się śniegiem.

Il canto dei cani si elevava come un grido contro il silenzio e il freddo pungente.

Pieśń psów była krzykiem przeciw ciszy i przenikliwemu zimnu.

Ma il loro urlo esprimeva tristezza, non sfida, in ogni lunga nota.

Jednakże w ich wyciu każda długa nuta wyrażała smutek, a nie bunt.

Ogni lamento era pieno di supplica: il peso stesso della vita.

Każdy płaczliwy krzyk brzmiał w nim jak błaganie, ciężar samego życia.

Quella canzone era vecchia, più vecchia delle città e più vecchia degli incendi

Ta piosenka była stara – starsza niż miasta i starsza niż pożary

Quel canto era più antico perfino delle voci degli uomini.

Pieśń ta była starsza niż głosy ludzkie.

Era una canzone del mondo dei giovani, quando tutte le canzoni erano tristi.

To była piosenka z młodości, kiedy wszystkie piosenki były smutne.

La canzone porta con sé il dolore di innumerevoli generazioni di cani.

Piosenka ta wyrażała smutek niezliczonych pokoleń psów.

Buck percepì profondamente la melodia, gemendo per un dolore radicato nei secoli.

Buck głęboko odczuł melodię, jęcząc z bólu zakorzenionego w wiekach.

Singhiozzava per un dolore antico quanto il sangue selvaggio nelle sue vene.

Płakał z żalu tak starego, jak krew krążąca w jego żyłach.

Il freddo, l'oscurità e il mistero toccarono l'anima di Buck.

Zimno, mrok i tajemnica poruszyły duszę Bucka.

Quella canzone dimostrava quanto Buck fosse tornato alle sue origini.

Piosenka ta pokazała, jak daleko Buck powrócił do swoich korzeni.

Tra la neve e gli ululati aveva trovato l'inizio della sua vita.

Poprzez śnieg i wycie odnalazł początek własnego życia.

Sette giorni dopo l'arrivo a Dawson, ripartirono.

Siedem dni po przybyciu do Dawson wyruszyli ponownie.

La squadra si è lanciata dalla caserma fino allo Yukon Trail.

Zespół wyruszył z koszar w stronę szlaku Yukon.

Iniziarono il viaggio di ritorno verso Dyea e Salt Water.

Rozpoczęli podróż powrotną w kierunku Dyea i Salt Water.

Perrault trasmise dispacci ancora più urgenti di prima.

Perrault wysyłał meldunki jeszcze pilniejsze niż wcześniej.

Era anche preso dall'orgoglio per la corsa e puntava a stabilire un record.

On również był przejęty dumą ze szlaku i miał zamiar pobić rekord.

Questa volta Perrault aveva diversi vantaggi.

Tym razem Perrault miał kilka przewag.

I cani avevano riposato per un'intera settimana e avevano ripreso le forze.

Psy odpoczywały przez cały tydzień i odzyskały siły.

La pista che avevano tracciato era ora battuta da altri.

Szlak, który przetarli, został teraz utwardzony przez innych.

In alcuni punti la polizia aveva immagazzinato cibo sia per i cani che per gli uomini.

W niektórych miejscach policja gromadziła żywność dla psów i mężczyzn.

Perrault viaggiava leggero, si muoveva velocemente e aveva poco a cui aggrapparsi.

Perrault podróżował lekko, poruszał się szybko i nie obciążał się niczym.

La prima sera raggiunsero la Sixty-Mile, una corsa lunga 50 miglia.

Pierwszej nocy dotarli do Sixty Mile, biegu na dystansie pięćdziesięciu mil.

Il secondo giorno risalirono rapidamente lo Yukon in direzione di Pelly.

Drugiego dnia ruszyli w górę Jukonu w kierunku Pelly.

Ma questi grandi progressi comportarono anche molta fatica per François.

Ale takie duże postępy wiązały się dla François z dużym wysiłkiem.

La ribellione silenziosa di Buck aveva infranto la disciplina della squadra.

Cichy bunt Bucka zniszczył dyscyplinę w drużynie.

Non si univano più come un'unica bestia al comando.

Już nie trzymali się razem jak jedno zwierzę w lejcach.

Buck aveva spinto altri alla sfida con il suo coraggioso esempio.

Buck swoim odważnym przykładem zmusił innych do buntu.

L'ordine di Spitz non veniva più accolto con timore o rispetto.

Rozkaz Spitza nie spotykał się już ze strachem ani szacunkiem.

Gli altri persero ogni timore reverenziale nei suoi confronti e osarono opporsi al suo governo.

Pozostali stracili dla niego szacunek i odważyli się sprzeciwić jego rządom.

Una notte, Pike rubò mezzo pesce e lo mangiò sotto gli occhi di Buck.

Pewnej nocy Pike ukradł połowę ryby i zjadł ją na oczach Bucka.

Un'altra notte, Dub e Joe combatterono contro Spitz e rimasero impuniti.

Pewnej nocy Dub i Joe walczyli ze Spitzem i pozostali bezkarni.

Anche Billee gemette meno dolcemente e mostrò una nuova acutezza.

Nawet Billee jęczał mniej słodko i okazywał nową ostrość.

Buck ringhiava a Spitz ogni volta che si incrociavano.

Buck warczał na Spitza za każdym razem, gdy mijali się na swojej drodze.

L'atteggiamento di Buck divenne audace e minaccioso, quasi come quello di un bullo.

Postawa Bucka stała się śmiała i groźna, niemal jak u łobuza.

Camminava avanti e indietro davanti a Spitz con un'andatura spavalda e piena di minaccia beffarda.

Kroczył przed Spitzem pewnym krokiem, pełnym szyderczej groźby.

Questo crollo dell'ordine si diffuse anche tra i cani da slitta.

Ten upadek porządku rozprzestrzenił się także wśród psów zaprzęgowych.

Litigarono e discussero più che mai, riempiendo l'accampamento di rumore.

Kłócili się i kłócili bardziej niż kiedykolwiek, wypełniając obóz hałasem.

Ogni notte la vita nel campeggio si trasformava in un caos selvaggio e ululante.

Życie obozowe przeradzało się każdej nocy w dziki, wyjący chaos.

Solo Dave e Solleks rimasero fermi e concentrati.

Tylko Dave i Solleks pozostali opanowani i skoncentrowani.

Ma anche loro diventarono irascibili a causa delle continue risse.

Ale nawet oni stali się nerwowi z powodu ciągłych bójek.

François imprecò in lingue strane e batté i piedi per la frustrazione.

François przeklinał w dziwnych językach i tupał z frustracji.

Si strappò i capelli e urlò mentre la neve gli volava sotto i piedi.

Rwał się za włosy i krzyczał, podczas gdy pod nogami fruwał śnieg.

La sua frusta schioccò contro il gruppo, ma a malapena riuscì a tenerli in riga.

Jego bat przecinał sforę, ale ledwo utrzymywał ją w ryzach.

Ogni volta che voltava le spalle, la lotta ricominciava.

Za każdym razem, gdy odwracał się, bójka wybuchała na nowo.

François usò la frusta per Spitz, mentre Buck guidava i ribelli.

François użył bata wobec Spitza, podczas gdy Buck poprowadził rebeliantów.

Ognuno conosceva il ruolo dell'altro, ma Buck evitava di addossare ogni colpa.

Każdy z nich znał rolę drugiego, ale Buck unikał obarczania się winą.

François non ha mai colto Buck mentre iniziava una rissa o si sottraeva al suo lavoro.

François nigdy nie przyłapał Bucka na wszczynaniu bójek lub uchylaniu się od pracy.

Buck lavorava duramente ai finimenti: la fatica ora gli dava entusiasmo.

Buck ciężko pracował — teraz trud ten napełniał jego ducha radością.

Ma trovava ancora più gioia nel fomentare risse e caos nell'accampamento.

Ale jeszcze większą radość odnajdywał w wywoływaniu bójek i sianiu chaosu w obozie.

Una sera, alla foce del Tahkeena, Dub spaventò un coniglio.

Pewnego wieczoru, będąc u ujścia Tahkeeny, Dub wystraszył królika.

Mancò la presa e il coniglio con la racchetta da neve balzò via.

Nie udało mu się złapać królika, a ten odskoczył.

Nel giro di pochi secondi, l'intera squadra di slitte si lanciò all'inseguimento, gridando a squarciagola.

W ciągu kilku sekund cały zespół zaprzęgów rzucił się w pogoń, wydając dzikie okrzyki.

Nelle vicinanze, un accampamento della polizia del nord-ovest ospitava cinquanta cani husky.

Niedaleko znajdował się obóz policji Northwest, w którym stacjonowało pięćdziesiąt psów rasy husky.

Si unirono alla caccia, scendendo insieme il fiume ghiacciato.

Dołączyli do polowania, wspólnie spływając w dół zamarzniętej rzeki.

Il coniglio lasciò il fiume e fuggì lungo il letto ghiacciato di un ruscello.

Królik uciekł z rzeki i pobiegł w górę zamarzniętego koryta potoku.

Il coniglio saltellava leggero sulla neve mentre i cani si facevano strada a fatica.

Królik lekko przeskakiwał po śniegu, podczas gdy psy z trudem przedzierały się przez niego.

Buck guidava l'enorme branco di sessanta cani attorno a ogni curva tortuosa.

Buck prowadził ogromną sforę składającą się z sześćdziesięciu psów po każdym zakręcie.

Si spinse in avanti, basso e impaziente, ma non riuscì a guadagnare terreno.

Parł naprzód, nisko i chętnie, lecz nie mógł zyskać przewagi.

Il suo corpo brillava sotto la pallida luna a ogni potente balzo.

Jego ciało migotało w blasku bladego księżyca przy każdym potężnym skoku.

Davanti a loro, il coniglio si muoveva come un fantasma, silenzioso e troppo veloce per essere catturato.

Królik poruszał się przed nami jak duch, bezgłośnie i zbyt szybko, by go złapać.

Tutti quei vecchi istinti, la fame, l'eccitazione, attraversarono Buck.

Wszystkie te stare instynkty – głód i dreszczyk emocji – ogarnęły Bucka.

A volte gli esseri umani avvertono questo istinto e sono spinti a cacciare con armi da fuoco e proiettili.

Ludzie czasami odczuwają ten instynkt, zmuszając się do polowania z bronią i kulami.

Ma Buck provava questa sensazione a un livello più profondo e personale.

Ale Buck odczuwał to uczucie na głębszym i bardziej osobistym poziomie.

Non riuscivano a percepire la natura selvaggia nel loro sangue come Buck.

Nie czuli dzikości we krwi w taki sposób, w jaki czuł ją Buck.

Inseguiva la carne viva, pronto a uccidere con i denti e ad assaggiare il sangue.

Gonił za żywym mięsem, gotowy zabić zębami i poczuć smak krwi.

Il suo corpo si tendeva per la gioia, desiderando immergersi nel caldo rosso della vita.

Jego ciało napinało się z radości, pragnąc wykąpać się w ciepłym, czerwonym życiu.

Una strana gioia segna il punto più alto che la vita possa mai raggiungere.

Dziwna radość oznacza najwyższy punkt, jaki życie może osiągnąć.

La sensazione di raggiungere un picco in cui i vivi dimenticano di essere vivi.

Uczucie szczytu, w którym żywi zapominają, że w ogóle żyją.

Questa gioia profonda tocca l'artista immerso in un'ispirazione ardente.

Ta głęboka radość dotyka artystę, który gubi się w płonącym natchnieniu.

Questa gioia afferra il soldato che combatte selvaggiamente e non risparmia alcun nemico.

Ta radość ogarnia żołnierza, który walczy zaciekle i nie oszczędza żadnego wroga.

Questa gioia ora colpì Buck mentre guidava il branco in preda alla fame primordiale.

Ta radość ogarnęła teraz Bucka, który przewodził stadu w pierwotnym głodzie.

Ululò con l'antico grido del lupo, emozionato per l'inseguimento.

Wył starożytnym wilczym głosem, podekscytowany żywą pogonią.

Buck fece appello alla parte più antica di sé, persa nella natura selvaggia.

Buck dotarł do najstarszej części swojej istoty, zagubionej na wolności.

Scavò in profondità dentro di sé, oltre la memoria, fino al tempo grezzo e antico.

Sięgnął głęboko w głąb przeszłości, do przeszłości pamięci, do surowego, starożytnego czasu.

Un'ondata di vita pura pervase ogni muscolo e tendine.

Fala czystego życia przepłynęła przez każdy mięsień i ścięgno.

Ogni salto gridava che viveva, che attraversava la morte.

Każdy jego skok dawał znać, że żyje, że przeszedł przez śmierć.

Il suo corpo si librava gioioso su una terra immobile e fredda che non si muoveva mai.

Jego ciało radośnie szybowało nad nieruchomą, zimną ziemią, która się nie poruszała.

Spitz rimase freddo e astuto anche nei suoi momenti più selvaggi.

Spitz pozostał zimny i przebiegły nawet w najbardziej szalonych momentach.

Lasciò il sentiero e attraversò un terreno dove il torrente formava una curva ampia.

Opuścił szlak i przeszedł przez ląd, w miejscu, gdzie strumień zakręcał szeroko.

Buck, ignaro di ciò, rimase sul sentiero tortuoso del coniglio.

Buck, nieświadomy tego, pozostał na krętej ścieżce królika.

Poi, mentre Buck svoltava dietro una curva, il coniglio spettrale si trovò davanti a lui.

Gdy Buck minął zakręt, zobaczył przed sobą ducha królika.

Vide una seconda figura balzare dalla riva precedendo la preda.

Zobaczył drugą postać wyskakującą z brzegu przed ofiarą.

La figura era Spitz, atterrato proprio sulla traiettoria del coniglio in fuga.

Ta postać to Spitz, który wylądował dokładnie na drodze uciekającego królika.

Il coniglio non riuscì a girarsi e incontrò le fauci di Spitz a mezz'aria.

Królik nie mógł się odwrócić i w locie spotkał szczęki Spitz'a.

La spina dorsale del coniglio si spezzò con un grido acuto come il grido di un essere umano morente.

Kręgosłup królika złamał się z krzykiem tak ostrym, jak krzyk umierającego człowieka.

A quel suono, il passaggio dalla vita alla morte, il branco ululò forte.

Na ten dźwięk – upadek z życia na śmierć – stado zawyło głośno.

Un coro selvaggio si levò da dietro Buck, pieno di oscura gioia.

Za Buckiem rozległ się dziki chóralny okrzyk, pełen mrocznej radości.

Buck non emise alcun grido, nessun suono e si lanciò dritto verso Spitz.

Buck nie krzyknął, nie wydał żadnego dźwięku i rzucił się prosto na Spitza.

Mirò alla gola, ma colpì invece la spalla.

Celował w gardło, ale trafił w ramię.

Caddero nella neve soffice, i loro corpi erano intrappolati in un combattimento.

Przetaczali się przez miękki śnieg; ich ciała zwarte były w walce.

Spitz balzò in piedi rapidamente, come se non fosse mai stato atterrato.

Spitz podskoczył błyskawicznie, jakby w ogóle nie został powalony.

Colpì Buck alla spalla e poi balzò fuori dalla mischia.

Rozciął ramię Bucka, po czym odskoczył od walczącego.

Per due volte i suoi denti schioccarono come trappole d'acciaio, e le sue labbra si arricciarono e si fecero feroci.

Dwa razy jego zęby trzasnęły niczym stalowe pułapki, usta wykrzywiły się i zacięły.

Arretrò lentamente, cercando un terreno solido sotto i piedi.

Powoli się wycofał, szukając pewnego gruntu pod nogami.

Buck comprese il momento all'istante e pienamente.

Buck natychmiast i w pełni zrozumiał moment.

Il momento era giunto: la lotta sarebbe stata una lotta all'ultimo sangue.

Nadszedł czas. Walka miała być walką na śmierć i życie.

I due cani giravano in cerchio, ringhiando, con le orecchie piatte e gli occhi socchiusi.

Dwa psy krążyły, warcząc, z położonymi po sobie uszami i przymrużonymi oczami.

Ogni cane aspettava che l'altro mostrasse debolezza o facesse un passo falso.

Każdy pies czekał, aż drugi okaże słabość lub popełni błąd.

Buck percepiva quella scena come stranamente nota e profondamente ricordata.

Dla Bucka scena ta wydała się dziwnie znajoma i głęboko zapamiętana.

I boschi bianchi, la terra fredda, la battaglia al chiaro di luna.

Białe lasy, zimna ziemia, bitwa w blasku księżyca.

Un silenzio pesante, profondo e innaturale riempiva la terra.

Ciężka cisza wypełniła ziemię, głęboka i nienaturalna.

Nessun vento si alzava, nessuna foglia si muoveva, nessun suono rompeva il silenzio.

Żaden wiatr nie poruszył się, żaden liść nie poruszył się, żaden dźwięk nie zakłócił ciszy.

Il respiro dei cani si levava come fumo nell'aria gelida e silenziosa.

Oddechy psów unosiły się niczym dym w mroźnym, cichym powietrzu.

Il coniglio era stato dimenticato da tempo dal branco di animali selvatici.

Stado dzikich zwierząt dawno zapomniało o króliku.

Questi lupi semiaddomesticati ora stavano fermi in un ampio cerchio.

Te na wpół oswojone wilki stały teraz nieruchomo w szerokim kręgu.

Erano silenziosi, solo i loro occhi luminosi rivelavano la loro fame.

Byli cicho, tylko ich świecące oczy zdradzały ich głód.

Il loro respiro saliva, mentre osservavano l'inizio dello scontro finale.

Ich oddech unosił się w górę, gdy obserwowali początek ostatecznej walki.

Per Buck questa battaglia era vecchia e attesa, per niente strana.

Dla Bucka ta bitwa była czymś starym i oczekiwanym, wcale nie dziwnym.

Era come il ricordo di qualcosa che doveva accadere da sempre.

Miałem wrażenie, że to wspomnienie czegoś, co zawsze miało się wydarzyć.

Spitz era un cane da combattimento addestrato, affinato da innumerevoli risse selvagge.

Spitz był wyszkolonym psem bojowym, wyćwiczonym w niezliczonych dzikich bójkach.

Dallo Spitzbergen al Canada, aveva sconfitto molti nemici.

Od Spitsbergenu po Kanadę pokonał wielu wrogów.

Era pieno di rabbia, ma non cedette mai il controllo alla rabbia.

Był pełen wściekłości, lecz nigdy nie potrafił nad nią zapanować.

La sua passione era acuta, ma sempre temperata dal duro istinto.

Jego namiętność była wielka, ale zawsze łagodzona twardym instynktem.

Non ha mai attaccato finché non ha avuto la sua difesa pronta.

Nigdy nie atakował, dopóki nie był gotowy do obrony.

Buck provò più volte a raggiungere il collo vulnerabile di Spitz.

Buck wielokrotnie próbował dosięgnąć wrażliwej szyi Spitza.

Ma ogni colpo veniva accolto da un fendente dei denti affilati di Spitz.

Jednak każdy cios spotykał się z cięciem ostrych zębów Spitza.

Le loro zanne si scontrarono ed entrambi i cani sanguinarono dalle labbra lacerate.

Ich kły zderzyły się, a oba psy krwawiły z rozciętych warg.

Nonostante i suoi sforzi, Buck non riusciva a rompere la difesa.

Bez względu na to, jak bardzo Buck się rzucił, nie był w stanie przełamać obrony.

Divenne sempre più furioso e si lanciò verso di lui con violente esplosioni di potenza.

Wpadał w coraz większą wściekłość, rzucił się na niego z dzikimi wybuchami mocy.

Buck colpì ripetutamente la bianca gola di Spitz.

Buck raz po raz atakował białe gardło Spitza.

Ogni volta Spitz schivava e contrattaccava con un morso tagliente.

Za każdym razem Spitz unikał ciosów i odpowiadał tnącym ugryzieniem.

Poi Buck cambiò tattica, avventandosi di nuovo come se volesse colpirlo alla gola.

Wtedy Buck zmienił taktykę, znów rzucając się do gardła.

Ma a metà attacco si è ritirato, girandosi per colpire di lato.

Jednak w połowie ataku cofnął się i wykonał ruch, by uderzyć z boku.

Colpì Spitz con una spallata, con l'intento di buttarlo a terra.

Uderzył Spitz'a ramieniem, chcąc go powalić.

Ogni volta che ci provava, Spitz lo schivava e rispondeva con un fendente.

Za każdym razem gdy próbował, Spitz unikał ciosów i odpowiadał cięciem.

La spalla di Buck si faceva scorticare mentre Spitz si liberava dopo ogni colpo.

Ramię Bucka stawało się coraz bardziej obolałe, gdy Spitz wyskakiwał po każdym ciosie.

Spitz non era stato toccato, mentre Buck sanguinava dalle numerose ferite.

Spitz nie został tknięty, natomiast Buck krwawił z wielu ran.

Il respiro di Buck era affannoso e pesante, il suo corpo era viscido di sangue.

Oddech Bucka stał się szybki i ciężki, jego ciało było śliskie od krwi.

La lotta diventava più brutale a ogni morso e carica.

Walka stawała się coraz brutalniejsza z każdym ugryzieniem i szarżą.

Attorno a loro, sessanta cani silenziosi aspettavano che il primo cadesse.

Wokół nich sześćdziesiąt milczących psów czekało, aż pierwszy padnie.

Se un cane fosse caduto, il branco avrebbe posto fine alla lotta.

Gdyby jeden pies odpadł, cała wataha zakończyłaby walkę.

Spitz vide Buck indebolirsi e cominciò ad attaccare.

Spitz zauważył, że Buck słabnie i zaczął kontynuować atak.

Mantenne Buck sbilanciato, costringendolo a lottare per restare in piedi.

Zmusił Bucka do utraty równowagi, zmuszając go do walki o utrzymanie równowagi.

Una volta Buck inciampò e cadde, e tutti i cani si rialzarono.

Pewnego razu Buck potknął się i upadł, a wszystkie psy natychmiast się podniosły.

Ma Buck si raddrizzò a metà caduta e tutti ricaddero.

Jednak Buck odzyskał równowagę w połowie upadku i wszyscy opadli z powrotem na ziemię.

Buck aveva qualcosa di raro: un'immaginazione nata da un profondo istinto.

Buck miał coś rzadkiego — wyobraźnię zrodzoną z głębokiego instynktu.

Combatté per istinto naturale, ma combatté anche con astuzia.

Walczył kierując się naturalnym popędem, ale potrafił też walczyć przebiegle.

Tornò ad attaccare come se volesse ripetere il trucco dell'attacco alla spalla.

Ponownie rzucił się do ataku, jakby powtarzając sztuczkę z atakiem ramieniem.

Ma all'ultimo secondo si abbassò e passò sotto Spitz.

Jednak w ostatniej chwili zanurkował nisko i przeleciał pod Spitzem.

I suoi denti si bloccarono sulla zampa anteriore sinistra di Spitz con uno schiocco.

Jego zęby zacisnęły się na przedniej lewej nodze Spitz'a z trzaskiem.

Spitz ora era instabile e il suo peso gravava solo su tre zampe.

Spitz stał teraz niepewnie, opierając ciężar ciała jedynie na trzech nogach.

Buck colpì di nuovo e tentò tre volte di atterrarlo.

Buck zaatakował ponownie, trzykrotnie próbował go powalić.

Al quarto tentativo ha usato la stessa mossa con successo

Za czwartym razem zastosował ten sam ruch i odniósł sukces

Questa volta Buck riuscì a mordere la zampa destra di Spitz.

Tym razem Buckowi udało się ugryźć prawą nogę Spitz'a.

Spitz, benché storpio e in agonia, continuò a lottare per sopravvivere.

Spitz, mimo że był kaleki i cierpiał, nadal walczył o przetrwanie.

Vide il cerchio degli husky stringersi, con le lingue fuori e gli occhi luminosi.

Widział, jak krąg husky zacieśnia się, wysuwa języki i świeci oczami.

Aspettarono di divorarlo, proprio come avevano fatto con gli altri.

Czekali tylko, żeby go pożreć, tak jak robili to z innymi.

Questa volta era lui al centro, sconfitto e condannato.

Tym razem stanął w centrum; pokonany i skazany na zagładę.

Ormai il cane bianco non aveva più alcuna possibilità di fuga.

Biały pies nie miał już możliwości ucieczki.

Buck non mostrò alcuna pietà, perché la pietà non era a posto nella natura selvaggia.

Buck nie okazywał litości, gdyż na wolności litość nie była czymś powszechnym.

Buck si mosse con cautela, preparandosi per la carica finale.

Buck poruszał się ostrożnie, przygotowując się do ostatecznego ataku.

Il cerchio degli husky si stringeva; lui sentiva i loro respiri caldi.

Krąg husky'ego zamknął się; poczuł ich ciepły oddech.

Si accovacciarono, pronti a scattare quando fosse giunto il momento.

Przycupnęli nisko, gotowi do skoku, gdy nadejdzie odpowiedni moment.

Spitz tremava nella neve, ringhiando e cambiando posizione.

Spitz zadrżał na śniegu, warcząc i zmieniając pozycję.

I suoi occhi brillavano, le labbra si arricciavano, i denti brillavano in un'espressione disperata e minacciosa.

Jego oczy błyszczały, usta się wykrzywiały, a zęby błyskały w desperackim geście groźby.

Barcollò, cercando ancora di resistere al freddo morso della morte.

Zatoczył się, wciąż próbując odeprzeć zimne ukąszenie śmierci.

Aveva già visto situazioni simili, ma sempre dalla parte dei vincitori.

Widział to już wcześniej, ale zawsze z perspektywy zwycięskiej strony.

Ora era dalla parte perdente; lo sconfitto; la preda; la morte.

Teraz był po przegranej stronie; pokonany; zdobycz; śmierć.

Buck si preparò al colpo finale, mentre il cerchio dei cani si faceva sempre più stretto.

Buck krążył, czekając na ostateczny cios, a krąg psów zaciskał się coraz bardziej.

Poteva sentire i loro respiri caldi; erano pronti a uccidere.

Czuł ich gorące oddechy; gotowi do zabicia.

Calò il silenzio; tutto era al suo posto; il tempo si era fermato.

Zapadła cisza, wszystko było na swoim miejscu, czas się zatrzymał.

Persino l'aria fredda tra loro si congelò per un ultimo istante.

Nawet zimne powietrze między nimi zamarzło na jedną, ostatnią chwilę.

Soltanto Spitz si mosse, cercando di trattenere la sua fine amara.

Tylko Spitz się poruszył, próbując uniknąć gorzkiego końca.

Il cerchio dei cani si stava stringendo attorno a lui, come era suo destino.

Krąg psów zaciskał się wokół niego, tak jak zamykało się jego przeznaczenie.

Ora era disperato, sapendo cosa stava per accadere.

Teraz był zdesperowany, wiedząc, co się wydarzy.

Buck balzò dentro e la sua spalla incontrò la sua spalla per l'ultima volta.

Buck skoczył do przodu i po raz ostatni zderzył się ramieniem.

I cani si lanciarono in avanti, nascondendo Spitz nell'oscurità della neve.

Psy rzuciły się do przodu, osłaniając Spitz w śnieżnej ciemności.

Buck osservava, eretto e fiero; il vincitore in un mondo selvaggio.

Buck obserwował, stojąc wysoko; zwycięzca w dzikim świecie.

La bestia primordiale dominante aveva fatto la sua uccisione, e la aveva fatta bene.

Dominująca pierwotna bestia dokonała swego zabójstwa i było to dobre.

Colui che ha conquistato la maestria
Ten, który osiągnął mistrzostwo

"Eh? Cosa ho detto? Dico la verità quando dico che Buck è un diavolo."
„Eh? Co powiedziałem? Mówię prawdę, kiedy mówię, że Buck jest diabłem."

François raccontò questo la mattina dopo aver scoperto la scomparsa di Spitz.
François powiedział to następnego ranka po odkryciu zaginięcia Spitza.

Buck rimase lì, coperto di ferite causate dal violento combattimento.
Buck stał tam, pokryty ranami odniesionymi w okrutnej walce.

François tirò Buck vicino al fuoco e indicò le ferite.
François pociągnął Bucka w stronę ognia i wskazał na obrażenia.

«Quello Spitz ha combattuto come il Devik», disse Perrault, osservando i profondi tagli.
„Ten Spitz walczył jak Devik" – powiedział Perrault, przyglądając się głębokim ranom.

«E quel Buck si batteva come due diavoli», rispose subito François.
„A ten Buck walczył jak dwa diabły" – odpowiedział natychmiast François.

"Ora faremo buon passo; niente più Spitz, niente più guai."
„Teraz będziemy mieć dobry czas; nie będzie już Spitzów, nie będzie kłopotów."

Perrault stava preparando l'attrezzatura e caricò la slitta con cura.
Perrault spakował sprzęt i starannie załadował sanie.

François bardò i cani per prepararli alla corsa della giornata.
François zaprzęgał psy, przygotowując je do biegu.

Buck trotterellò dritto verso la posizione di testa, precedentemente occupata da Spitz.

Buck pobiegł prosto na pozycję prowadzącą, którą wcześniej zajmował Spitz.

Ma François, senza accorgersene, condusse Solleks in prima linea.

Ale François, nie zauważając tego, poprowadził Solleksa na przód.

Secondo François, Solleks era ora il miglior cane da corsa.

Zdaniem François, Solleks był teraz najlepszym psem prowadzącym.

Buck si scagliò furioso contro Solleks e lo respinse indietro in segno di protesta.

Buck rzucił się na Solleksa ze złości i na znak protestu odepchnął go.

Si fermò dove un tempo si era fermato Spitz, rivendicando la posizione di comando.

Stał tam, gdzie kiedyś stał Spitz, i domagał się pozycji lidera.

"Eh? Eh?" esclamò François, dandosi una pacca sulle cosce divertito.

„Co? Co?" krzyknął François, uderzając się z rozbawieniem w uda.

"Guarda Buck: ha ucciso Spitz, ora vuole prendersi il posto!"

„Spójrz na Bucka – zabił Spitza, teraz chce wziąć na siebie tę robotę!"

"Vattene via, Chook!" urlò, cercando di scacciare Buck.

„Odejdź, Chook!" – krzyknął, próbując odgonić Bucka.

Ma Buck si rifiutò di muoversi e rimase immobile nella neve.

Jednak Buck nie chciał się ruszyć i stał twardo na śniegu.

François afferrò Buck per la collottola e lo trascinò da parte.

François złapał Bucka za kark i odciągnął go na bok.

Buck ringhiò basso e minaccioso, ma non attaccò.

Buck warknął nisko i groźnie, ale nie zaatakował.

François rimette Solleks in testa, cercando di risolvere la disputa

François ponownie dał Solleksowi prowadzenie, próbując rozstrzygnąć spór

Il vecchio cane mostrò paura di Buck e non voleva restare.

Stary pies bał się Bucka i nie chciał zostać.

Quando François gli voltò le spalle, Buck scacciò di nuovo Solleks.

Kiedy François odwrócił się, Buck ponownie wyrzucił Solleksa.

Solleks non oppose resistenza e si fece di nuovo da parte in silenzio.

Solleks nie stawiał oporu i po raz kolejny cicho odsunął się na bok.

François si arrabbiò e urlò: "Per Dio, ti sistemo!"

François wpadł w złość i krzyknął: „Na Boga, już cię naprawiłem!"

Si avvicinò a Buck tenendo in mano una pesante mazza.

Podszedł do Bucka trzymając w ręku ciężki kij.

Buck ricordava bene l'uomo con il maglione rosso.

Buck dobrze pamiętał mężczyznę w czerwonym swetrze.

Si ritirò lentamente, osservando François ma ringhiando profondamente.

Wycofał się powoli, patrząc na François i warcząc głośno.

Non si affrettò a tornare indietro, nemmeno quando Solleks si mise al suo posto.

Nie spieszył się z powrotem, nawet gdy Solleks stanął na jego miejscu.

Buck si girò in cerchio, appena fuori dalla sua portata, ringhiando furioso e protestando.

Buck krążył tuż poza zasięgiem, warcząc z wściekłości i protestu.

Teneva gli occhi fissi sulla mazza, pronto a schivare il colpo se François l'avesse lanciata.

Nie spuszczał wzroku z kija, gotowy uchylić się od niego, gdyby François rzucił.

Era diventato saggio e cauto nei confronti degli uomini che maneggiavano le armi.

Stał się mądry i ostrożny w postępowaniu ludzi z bronią.

François si arrese e chiamò di nuovo Buck al suo vecchio posto.

François się poddał i ponownie zaprosił Bucka do jego dawnego miejsca.

Ma Buck fece un passo indietro con cautela, rifiutandosi di obbedire all'ordine.

Jednak Buck ostrożnie się cofnął i odmówił wykonania rozkazu.

François lo seguì, ma Buck indietreggiò solo di pochi passi.

François poszedł za nim, ale Buck cofnął się tylko o kilka kroków.

Dopo un po' François gettò a terra l'arma, frustrato.

Po chwili François ze złości rzucił broń.

Pensava che Buck avesse paura di essere picchiato e che avrebbe fatto lo stesso senza far rumore.

Myślał, że Buck boi się bicia i przyjdzie cicho.

Ma Buck non stava evitando la punizione: stava lottando per ottenere un rango.

Ale Buck nie unikał kary – walczył o rangę.

Si era guadagnato il posto di capobranco combattendo fino alla morte

Zdobył pozycję psa prowadzącego dzięki walce na śmierć i życie

non si sarebbe accontentato di niente di meno che di essere il leader.

nie zamierzał zadowolić się niczym innym niż rolą przywódcy.

Perrault si unì all'inseguimento per aiutare a catturare il ribelle Buck.

Perrault wziął udział w pościgu, aby pomóc złapać zbuntowanego Bucka.

Insieme lo portarono in giro per l'accampamento per quasi un'ora.

Razem oprowadzali go po obozie przez prawie godzinę.

Gli scagliarono contro dei bastoni, ma Buck li schivò abilmente uno per uno.

Rzucali w niego pałkami, ale Buck zręcznie unikał ciosów.

Maledissero lui, i suoi antenati, i suoi discendenti e ogni suo capello.

Przeklinali jego, jego przodków, jego potomków i każdy jego włos.

Ma Buck si limitò a ringhiare e a restare appena fuori dalla loro portata.

Ale Buck tylko warknął w odpowiedzi i pozostał poza ich zasięgiem.

Non cercò mai di scappare, ma continuò a girare intorno all'accampamento deliberatamente.

Nigdy nie próbował uciekać, ale celowo krążył wokół obozu.

Disse chiaramente che avrebbe obbedito una volta ottenuto ciò che voleva.

Dał jasno do zrozumienia, że posłucha, gdy tylko dadzą mu to, czego chce.

Alla fine François si sedette e si grattò la testa, frustrato.

François w końcu usiadł i z frustracją podrapał się po głowie.

Perrault controllò l'orologio, imprecò e borbottò qualcosa sul tempo perso.

Perrault spojrzał na zegarek, zaklął i mruknął coś o utraconym czasie.

Era già trascorsa un'ora, mentre avrebbero dovuto essere sulle tracce.

Minęła już godzina, a powinni już być na szlaku.

François alzò le spalle timidamente, guardando il corriere, che sospirò sconfitto.

François zawstydzony wzruszył ramionami i spojrzał na kuriera, który westchnął z rezygnacją.

Poi François si avvicinò a Solleks e chiamò ancora una volta Buck.

Następnie François podszedł do Solleksa i ponownie zawołał Bucka.

Buck rise come ride un cane, ma mantenne una cauta distanza.

Buck śmiał się jak pies, lecz zachował ostrożny dystans.

François tolse l'imbracatura a Solleks e lo rimise al suo posto.

François zdjął uprząż Solleksowi i odprowadził go na jego miejsce.

La squadra di slittini era completamente imbracata, con un solo posto libero.

Zespół saneczkowy był w pełni wyposażony, a tylko jedno miejsce było wolne.

La posizione di comando rimase vuota, chiaramente riservata solo a Buck.

Pozycja lidera pozostała pusta, najwyraźniej przeznaczona tylko dla Bucka.

François chiamò di nuovo e di nuovo Buck rise e mantenne la sua posizione.

François zawołał ponownie i Buck znów się roześmiał i pozostał na swoim miejscu.

«Gettate giù la mazza», ordinò Perrault senza esitazione.

„Rzuć maczugę" – rozkazał Perrault bez wahania.

François obbedì e Buck si lanciò subito avanti con orgoglio.

François posłuchał, a Buck natychmiast dumnie ruszył naprzód.

Rise trionfante e assunse la posizione di comando.

Roześmiał się triumfalnie i wysunął się na prowadzenie.

François fissò le corde e la slitta si staccò.

François zabezpieczył swoje liny i sanie uwolniły się.

Entrambi gli uomini corsero fianco a fianco mentre la squadra si lanciava lungo il sentiero del fiume.

Obaj mężczyźni biegli obok drużyny wbiegającej na szlak wzdłuż rzeki.

François aveva avuto una grande stima dei "due diavoli" di Buck,

François miał wysokie mniemanie o „dwóch diabłach" Bucka,

ma ben presto si rese conto di aver in realtà sottovalutato il cane.

ale wkrótce zdał sobie sprawę, że tak naprawdę niedocenił psa.

Buck assunse rapidamente la leadership e si comportò in modo eccellente.

Buck szybko objął przywództwo i wykazał się doskonałością.

Buck superò Spitz per capacità di giudizio, rapidità di pensiero e rapidità di azione.

Jeśli chodzi o ocenę sytuacji, szybkie myślenie i szybkie działanie, Buck przewyższył Spitza.

François non aveva mai visto un cane pari a quello che Buck mostrava ora.

François nigdy nie widział psa o wyglądzie podobnym do tego, jaki prezentował teraz Buck.

Ma Buck eccelleva davvero nel far rispettare l'ordine e nel imporre rispetto.

Ale Buck naprawdę potrafił zaprowadzać porządek i budzić szacunek.

Dave e Solleks accettarono il cambiamento senza preoccupazioni o proteste.

Dave i Solleks zaakceptowali zmianę bez obaw czy protestów.

Si concentravano solo sul lavoro e tiravano forte le redini.

Skupiali się tylko na pracy i mocnym pociąganiu za lejce.

A loro importava poco chi guidasse, purché la slitta continuasse a muoversi.

Nie miało dla nich znaczenia, kto prowadzi, dopóki sanie poruszały się.

Billee, quella allegra, avrebbe potuto comandare per quel che volevano.

Billee, ta pogodna, mogłaby przewodzić, jeśli o to im chodziło.

Ciò che contava per loro era la pace e l'ordine tra i ranghi.

Dla nich liczył się spokój i porządek w szeregach.

Il resto della squadra era diventato indisciplinato durante il declino di Spitz.

Reszta zespołu stała się niepokorna, gdy Spitz podupadł na zdrowiu.

Rimasero scioccati quando Buck li riportò immediatamente all'ordine.

Byli zszokowani, gdy Buck natychmiast przywrócił im porządek.

Pike era sempre stato pigro e aveva sempre tergiversato dietro a Buck.

Pike zawsze był leniwy i ociągał się z Buckiem.

Ma ora è stato severamente disciplinato dalla nuova leadership.

Ale teraz nowe kierownictwo zastosowało wobec niego surową dyscyplinę.

E imparò rapidamente a dare il suo contributo alla squadra.

Szybko nauczył się być ważnym graczem w drużynie.

Alla fine della giornata, Pike lavorò più duramente che mai.

Pod koniec dnia Pike pracował ciężej niż kiedykolwiek wcześniej.

Quella notte all'accampamento, Joe, il cane scontroso, fu finalmente domato.

Tej nocy w obozie Joe, ponury pies, został w końcu uspokojony.

Spitz non era riuscito a disciplinarlo, ma Buck non aveva fallito.

Spitz nie zdołał go zdyscyplinować, ale Buck nie zawiódł.

Sfruttando il suo peso maggiore, Buck sopraffece Joe in pochi secondi.

Wykorzystując swoją większą wagę, Buck w ciągu kilku sekund przytłoczył Joego.

Morse e picchiò Joe finché questi non si mise a piagnucolare e smise di opporre resistenza.

Gryzł i bił Joego, aż ten zaskomlał i przestał się opierać.

Da quel momento in poi l'intera squadra migliorò.

Od tego momentu cały zespół zrobił krok naprzód.

I cani ritrovarono la loro antica unità e disciplina.

Psy odzyskały dawną jedność i dyscyplinę.

A Rink Rapids si sono uniti al gruppo due nuovi husky autoctoni, Teek e Koona.

W Rink Rapids dołączyły do nich dwa nowe rodzime husky – Teek i Koona.

La rapidità con cui Buck li addestramento stupì perfino François.

Szybkie wyszkolenie Bucka w tej dziedzinie zaskoczyło nawet François.

"Non è mai esistito un cane come quel Buck!" esclamò stupito.

„Nigdy nie było takiego psa jak ten Buck!" – krzyknął ze zdumieniem.

"No, mai! Vale mille dollari, per Dio!"

„Nie, nigdy! On jest wart tysiąc dolarów, na Boga!"

"Eh? Che ne dici, Perrault?" chiese con orgoglio.

„Eh? Co ty na to, Perrault?" zapytał z dumą.

Perrault annuì in segno di assenso e controllò i suoi appunti.

Perrault skinął głową na znak zgody i zajrzał do notatek.

Siamo già in anticipo sui tempi e guadagniamo sempre di più ogni giorno.

Już jesteśmy przed harmonogramem i każdego dnia zyskujemy więcej.

Il sentiero era compatto e liscio, senza neve fresca.

Szlak był ubity i gładki, bez świeżego śniegu.

Il freddo era costante, con temperature che si aggiravano sempre sui cinquanta gradi sotto zero.

Panował stały chłód, temperatura wynosiła pięćdziesiąt stopni poniżej zera.

Per scaldarsi e guadagnare tempo, gli uomini si alternavano a cavallo e a correre.

Mężczyźni na zmianę jechali i biegali, aby się ogrzać i zyskać na czasie.

I cani correvano veloci, fermandosi di rado, spingendosi sempre in avanti.

Psy biegły szybko, zatrzymując się rzadko i cały czas parły do przodu.

Il fiume Thirty Mile era per la maggior parte ghiacciato e facile da attraversare.

Rzeka Thirty Mile była w większości zamarznięta i można było łatwo przepłynąć.

In un giorno realizzarono ciò che per arrivare aveva impiegato dieci giorni.

Wyszli w ciągu jednego dnia, podczas gdy dotarcie tam zajęło im dziesięć dni.

Percorsero circa 96 chilometri dal lago Le Barge a White Horse.

Przebiegli sześćdziesiąt mil z jeziora Le Barge do White Horse.

Si muovevano a velocità incredibile attraverso i laghi Marsh, Tagish e Bennett.

Przez jeziora Marsh, Tagish i Bennett poruszali się niewiarygodnie szybko.

L'uomo che correva veniva trainato dietro la slitta con una corda.

Biegnącego mężczyznę ciągnięto za saniami na linie.

L'ultima notte della seconda settimana giunsero a destinazione.

Ostatniej nocy drugiego tygodnia dotarli do celu.

Insieme avevano raggiunto la cima del White Pass.

Razem dotarli na szczyt Białej Przełęczy.

Scesero fino al livello del mare, con le luci dello Skaguay sotto di loro.

Zniżyli się do poziomu morza, mając pod sobą światła Skaguay.

Era stata una corsa da record attraverso chilometri di fredda natura selvaggia.

To był rekordowy bieg przez wiele kilometrów zimnego pustkowia.

Per quattordici giorni di fila percorsero in media circa quaranta miglia.

Przez czternaście dni z rzędu pokonywali średnio czterdzieści mil.

A Skaguay, Perrault e François trasportavano merci attraverso la città.

W Skaguay Perrault i François przewozili ładunki przez miasto.

Furono applauditi e ricevettero numerose bevande dalla folla ammirata.

Zachwycone tłumy entuzjastycznie ich witały i częstowały drinkami.

I cacciatori di cani e gli operai si sono riuniti attorno alla famosa squadra cinofila.

Pogromcy psów i pracownicy zebrali się wokół słynnego psiego zaprzęgu.

Poi i fuorilegge del West giunsero in città e subirono una violenta sconfitta.

Potem do miasta przybyli bandyci z Dzikiego Zachodu i ponieśli sromotną klęskę.

La gente si dimenticò presto della squadra e si concentrò sul nuovo dramma.

Ludzie szybko zapomnieli o drużynie i skupili się na nowym dramacie.

Poi arrivarono i nuovi ordini che cambiarono tutto in un colpo.

Potem nadeszły nowe rozkazy, które od razu wszystko zmieniły.

François chiamò Buck e lo abbracciò con orgoglio e lacrime.

François zawołał Bucka do siebie i uściskał go ze łzami w oczach, z dumą.

Quel momento fu l'ultima volta che Buck vide di nuovo François.

To był ostatni raz, kiedy Buck widział François.

Come molti altri uomini prima di lui, sia François che Perrault se n'erano andati.

Podobnie jak wielu mężczyzn przed nimi, François i Perrault odeszli.

Un meticcio scozzese si prese cura di Buck e dei suoi compagni di squadra con i cani da slitta.

Dowódcą Bucka i jego psów zaprzęgowych został szkocki mieszaniec.

Con una dozzina di altre mute di cani, ritornarono lungo il sentiero fino a Dawson.

Wraz z kilkunastoma innymi psimi zaprzęgami wrócili szlakiem do Dawson.

Non si trattava più di una corsa veloce, ma solo di un duro lavoro con un carico pesante ogni giorno.

Teraz nie był to już szybki bieg, lecz ciężka praca z ciężkim ładunkiem każdego dnia.

Si trattava del treno postale che portava notizie ai cercatori d'oro vicino al Polo.

Był to pociąg pocztowy, który przywoził wieści poszukiwaczom złota w pobliżu bieguna.

Buck non amava il lavoro, ma lo sopportò bene, essendo orgoglioso del suo impegno.

Buckowi nie podobała się ta praca, ale dobrze ją znosił, będąc dumnym ze swojego wysiłku.

Come Dave e Solleks, Buck dimostrava dedizione in ogni compito quotidiano.

Podobnie jak Dave i Solleks, Buck wykazywał się oddaniem każdemu codziennemu zadaniu.

Si è assicurato che tutti i suoi compagni di squadra dessero il massimo.

Upewniał się, że każdy z jego kolegów z drużyny wkłada w swoją pracę wystarczająco dużo wysiłku.

La vita sui sentieri divenne noiosa e si ripeteva con la precisione di una macchina.

Życie na szlaku stało się nudne, powtarzane z precyzją maszyny.

Ogni giorno era uguale, una mattina si fondeva con quella successiva.

Każdy dzień był taki sam, jeden poranek przechodził w kolejny.

Alla stessa ora, i cuochi si alzarono per accendere il fuoco e preparare il cibo.

O tej samej porze kucharze wstali, aby rozpalić ogniska i przygotować jedzenie.

Dopo colazione alcuni lasciarono l'accampamento mentre altri attaccarono i cani.

Po śniadaniu część opuściła obóz, a inni zaprzęgli psy.

Raggiunsero il sentiero prima che il pallido segnale dell'alba sfiorasse il cielo.

Wyruszyli na szlak zanim jeszcze na niebie pojawił się słaby blask świtu.

Di notte si fermavano per accamparsi, e a ogni uomo veniva assegnato un compito.

Na noc zatrzymali się, aby rozbić obóz, każdy mając przydzielone obowiązki.

Alcuni montarono le tende, altri tagliarono la legna da ardere e raccolsero rami di pino.

Niektórzy rozbijali namioty, inni ścinali drewno na opał i zbierali gałęzie sosnowe.

Acqua o ghiaccio venivano portati ai cuochi per la cena serale.

Wodę lub lód zanoszono kucharzom na wieczorny posiłek.

I cani vennero nutriti e per loro quello fu il momento migliore della giornata.

Psy zostały nakarmione i była to dla nich najlepsza część dnia.

Dopo aver mangiato il pesce, i cani si rilassarono e oziarono vicino al fuoco.

Po zjedzeniu ryby psy odpoczywały i wylegiwały się przy ognisku.

Nel convoglio c'erano un centinaio di altri cani con cui socializzare.

W konwoju znajdowało się jeszcze sto innych psów, z którymi można było się pobawić.

Molti di quei cani erano feroci e pronti a combattere senza preavviso.

Wiele z tych psów było agresywnych i rzucało się do walki bez ostrzeżenia.

Ma dopo tre vittorie, Buck riuscì a domare anche i combattenti più feroci.

Ale po trzech zwycięstwach Buck pokonał nawet najzacieklejszych wojowników.

Ora, quando Buck ringhiò e mostrò i denti, loro si fecero da parte.

Kiedy Buck warknął i pokazał zęby, odsunęli się na bok.

Forse la cosa più bella di tutte era che a Buck piaceva sdraiarsi vicino al fuoco tremolante.

A może Buck najbardziej lubił leżeć przy migoczącym ognisku.

Si accovacciò, con le zampe posteriori ripiegate e quelle anteriori distese in avanti.

Przykucnął, podkulając tylne nogi i wyciągając przednie do przodu.

Teneva la testa sollevata e sbatteva dolcemente le palpebre verso le fiamme ardenti.

Podniósł głowę i lekko mrugnął, patrząc na jaskrawe płomienie.

A volte ricordava la grande casa del giudice Miller a Santa Clara.

Czasem przypominał sobie wielki dom sędziego Millera w Santa Clara.

Pensò alla piscina di cemento, a Ysabel e al carlino di nome Toots.

Pomyślał o cementowym basenie, o Ysabel i mopsie o imieniu Toots.

Ma più spesso si ricordava del bastone dell'uomo con il maglione rosso.

Ale częściej przypominał sobie o pałce mężczyzny w czerwonym swetrze.

Ricordava la morte di Curly e la sua feroce battaglia con Spitz.

Pamiętał śmierć Curly'ego i jego zaciętą walkę ze Spitzem.

Ricordava anche il buon cibo che aveva mangiato o che ancora sognava.

Przypomniał sobie także dobre jedzenie, które jadł i o którym wciąż śnił.

Buck non aveva nostalgia di casa: la valle calda era lontana e irreale.

Buck nie tęsknił za domem – ciepła dolina wydawała mu się odległa i nierealna.

I ricordi della California non avevano più alcun fascino su di lui.

Wspomnienia z Kalifornii nie miały już na niego żadnego wpływu.

Più forti della memoria erano gli istinti radicati nella sua stirpe.

Silniejsze od pamięci były instynkty, zakorzenione głęboko w jego krwi.

Le abitudini un tempo perdute erano tornate, ravvivate dal sentiero e dalla natura selvaggia.

Utracone kiedyś nawyki powróciły, przywrócone do życia przez szlak i dzicz.

Mentre Buck osservava la luce del fuoco, a volte questa diventava qualcos'altro.

Kiedy Buck patrzył na blask ognia, czasami stawał się on czymś innym.

Vide alla luce del fuoco un altro fuoco, più vecchio e più profondo di quello attuale.

W blasku ognia dostrzegł inny ogień, starszy i głębszy od obecnego.

Accanto all'altro fuoco era accovacciato un uomo che non somigliava per niente al cuoco meticcio.

Obok drugiego ogniska kucał mężczyzna, który nie przypominał kucharza-mieszańca.

Questa figura aveva gambe corte, braccia lunghe e muscoli duri e contratti.

Ta postać miała krótkie nogi, długie ramiona i twarde, węzłowate mięśnie.

I suoi capelli erano lunghi e arruffati, e gli scendevano all'indietro a partire dagli occhi.

Jego włosy były długie i skołtunione, opadające do tyłu od oczu.

Emetteva strani suoni e fissava l'oscurità con paura.

Wydawał dziwne dźwięki i ze strachem patrzył w ciemność.

Teneva bassa una mazza di pietra, stretta saldamente nella sua mano lunga e ruvida.

Trzymał nisko kamienną maczugę, mocno ściskając ją w długiej, szorstkiej dłoni.

L'uomo indossava ben poco: solo una pelle carbonizzata che gli pendeva lungo la schiena.

Mężczyzna miał na sobie niewiele; jedynie zwęgloną skórę zwisającą mu na plecach.

Il suo corpo era ricoperto da una folta peluria sulle braccia, sul petto e sulle cosce.

Jego ciało pokrywała gęsta sierść na ramionach, klatce piersiowej i udach.

Alcune parti del pelo erano aggrovigliate e formavano chiazze di pelo ruvido.

Niektóre części sierści były splątane i tworzyły kępki szorstkiego futra.

Non stava dritto, ma era piegato in avanti dai fianchi alle ginocchia.

Nie stał prosto, lecz pochylił się do przodu od bioder do kolan.

I suoi passi erano elastici e felini, come se fosse sempre pronto a scattare.

Jego kroki były sprężyste i kocie, jakby zawsze był gotowy do skoku.

C'era una forte allerta, come se vivesse nella paura costante.

Odczuwał ogromną czujność, jakby żył w ciągłym strachu.

Quest'uomo anziano sembrava aspettarsi il pericolo, indipendentemente dal fatto che questo venisse visto o meno.

Wydawało się, że ten starożytny człowiek spodziewał się niebezpieczeństwa, niezależnie od tego, czy zagrożenie było widoczne, czy nie.

A volte l'uomo peloso dormiva accanto al fuoco, con la testa tra le gambe.

Czasami kudłaty mężczyzna spał przy ogniu, z głową schowaną między nogami.

Teneva i gomiti sulle ginocchia e le mani giunte sopra la testa.

Jego łokcie spoczywały na kolanach, a ręce złożone były nad głową.

Come un cane, usava le sue braccia pelose per proteggersi dalla pioggia che cadeva.

Podobnie jak pies, używał swych owłosionych ramion, by chronić się przed padającym deszczem.

Oltre la luce del fuoco, Buck vide due carboni ardenti che ardevano nell'oscurità.

Poza blaskiem ognia Buck dostrzegł dwa żarzące się w ciemności węgle.

Sempre a due a due, erano gli occhi delle bestie da preda.

Zawsze po dwie, były to oczy polujących drapieżników.

Sentì corpi che si infrangevano tra i cespugli e rumori provenienti dalla notte.

Słyszał, jak ciała przebijają się przez zarośla i jakie dźwięki dochodzą z nocy.

Sdraiato sulla riva dello Yukon, sbattendo le palpebre, Buck sognò accanto al fuoco.

Leżąc na brzegu Jukonu, mrugając oczami, Buck śnił przy ogniu.

Le immagini e i suoni di quel mondo selvaggio gli fecero rizzare i capelli.

Widoki i odgłosy tego dzikiego świata sprawiły, że włosy stanęły mu dęba.

La pelliccia gli si drizzò lungo la schiena, sulle spalle e sul collo.

Futro jeżyło mu się na grzbiecie, ramionach i szyi.

Gemeva piano o emetteva un ringhio basso dal profondo del petto.

Cicho zaskomlał lub wydał z siebie niski pomruk z głębi piersi.

Allora il cuoco meticcio urlò: "Ehi, Buck, svegliati!"

Wtedy kucharz-mieszaniec krzyknął: „Hej, ty Buck, obudź się!"

Il mondo dei sogni svanì e la vera vita tornò agli occhi di Buck.

Świat marzeń rozwiał się, a w oczach Bucka znów pojawiła się rzeczywistość.

Si sarebbe alzato, si sarebbe stiracchiato e avrebbe sbadigliato, come se si fosse svegliato da un pisolino.

Miał zamiar wstać, przeciągnąć się i ziewnąć, tak jakby obudził się po drzemce.

Il viaggio era duro, con la slitta postale che li trascinava dietro.

Podróż była ciężka, bo za nimi ciągnęły się sanie pocztowe.

Carichi pesanti e lavoro duro sfinivano i cani ogni lunga giornata.

Ciężkie ładunki i ciężka praca wykańczały psy każdego długiego dnia.

Arrivarono a Dawson magro, stanco e con bisogno di più di una settimana di riposo.

Dotarli do Dawson wychudzeni, zmęczeni i potrzebujący ponad tygodniowego odpoczynku.

Ma solo due giorni dopo ripartirono per lo Yukon.

Ale już dwa dni później wyruszyli ponownie w dół Jukonu.

Erano carichi di altre lettere dirette al mondo esterno.

Były załadowane większą ilością listów przeznaczonych na zewnątrz.

I cani erano esausti e gli uomini si lamentavano in continuazione.

Psy były wyczerpane, a mężczyźni ciągle narzekali.

Ogni giorno cadeva la neve, ammorbidendo il sentiero e rallentando le slitte.

Śnieg padał każdego dnia, zmiękczając szlak i spowalniając sanki.

Ciò rendeva la trazione più dura e aumentava la resistenza delle guide.

To powodowało, że ciągnięcie było trudniejsze, a biegacze stawiali większy opór.

Nonostante ciò, i piloti si sono dimostrati leali e hanno avuto cura delle loro squadre.

Mimo to kierowcy byli uczciwi i dbali o swoje zespoły.

Ogni notte, i cani venivano nutriti prima che gli uomini mangiassero.

Każdej nocy psy były karmione zanim mężczyźni zabrali się do jedzenia.

Nessun uomo dormiva prima di controllare le zampe del proprio cane.

Żaden człowiek nie zasnął, nie sprawdziwszy nóg swojego psa.

Tuttavia, i cani diventavano sempre più deboli man mano che i chilometri consumavano i loro corpi.

Jednak psy były coraz słabsze, im więcej przemierzały kilometrów.

Avevano viaggiato per milleottocento miglia durante l'inverno.

Przebyli tysiąc osiemset mil w ciągu zimy.

Percorrevano ogni miglio di quella distanza brutale trainando le slitte.

Przemierzali każdy kilometr tego brutalnego dystansu na saniach.

Anche i cani da slitta più resistenti provano tensione dopo tanti chilometri.

Nawet najwytrzymalsze psy zaprzęgowe odczuwają zmęczenie po przebyciu tylu kilometrów.

Buck tenne duro, fece sì che la sua squadra lavorasse e mantenne la disciplina.

Buck wytrwał, dbał o to, by jego zespół pracował i zachowywał dyscyplinę.

Ma Buck era stanco, proprio come gli altri durante il lungo viaggio.

Ale Buck był zmęczony, tak jak pozostali uczestnicy długiej podróży.

Billee piagnucolava e piangeva nel sonno ogni notte, senza sosta.

Billee każdej nocy bez wyjątku płakał i kwękał przez sen.

Joe diventò ancora più amareggiato e Solleks rimase freddo e distante.

Joe stawał się coraz bardziej zgorzkniały, a Solleks pozostał chłodny i dystansujący się.

Ma è stato Dave a soffrire di più di tutta la squadra.

Jednak to Dave cierpiał najbardziej z całego zespołu.

Qualcosa dentro di lui era andato storto, anche se nessuno sapeva cosa.

Coś w jego wnętrzu poszło nie tak, chociaż nikt nie wiedział co.

Divenne più lunatico e aggredì gli altri con rabbia crescente.

Stał się bardziej ponury i krzyczał na innych z rosnącym gniewem.

Ogni notte andava dritto al suo nido, in attesa di essere nutrito.

Każdej nocy szedł prosto do swojego gniazda, czekając na jedzenie.

Una volta a terra, Dave non si alzò più fino al mattino.

Gdy już znalazł się na dole, Dave nie wstał aż do rana.

Sulle redini, gli improvvisi strattoni o sussulti lo facevano gridare di dolore.

Gdy był na wodzach, nagłe szarpnięcia lub ruszenia wywoływały u niego krzyk bólu.

L'autista ha cercato di capirne la causa, ma non ha trovato ferite.

Jego kierowca szukał przyczyny, ale nie znalazł u niego żadnych obrażeń.

Tutti gli autisti cominciarono a osservare Dave e a discutere del suo caso.

Wszyscy kierowcy zaczęli obserwować Dave'a i omawiać jego przypadek.

Parlarono durante i pasti e durante l'ultima sigaretta della giornata.

Rozmawiali przy posiłkach i przy ostatnim papierosie tego dnia.

Una notte tennero una riunione e portarono Dave al fuoco.

Pewnej nocy zorganizowali zebranie i przyprowadzili Dave'a do ogniska.

Gli premevano e palpavano il corpo e lui gridava spesso.

Naciskali i badali jego ciało, a on często krzyczał.

Era evidente che qualcosa non andava, anche se non sembrava esserci nessuna frattura.

Było jasne, że coś jest nie tak, chociaż żadna kość nie wyglądała na złamaną.

Quando arrivarono al Cassiar Bar, Dave stava cadendo.

Gdy dotarli do Cassiar Bar, Dave był już w rozsypce.

Il meticcio scozzese impose uno stop e rimosse Dave dalla squadra.

Szkocki mieszaniec przerwał działania i usunął Dave'a z drużyny.

Fissò Solleks al posto di Dave, il più vicino possibile alla parte anteriore della slitta.

Zapiął Solleksa na miejscu Dave'a, najbliżej przodu sań.

Voleva lasciare che Dave riposasse e corresse libero dietro la slitta in movimento.

Zamierzał pozwolić Dave'owi odpocząć i pobiegać swobodnie za jadącymi saniami.

Ma nonostante la malattia, Dave odiava che gli venisse tolto il lavoro che aveva ricoperto.

Ale nawet będąc chorym, Dave nie znosił, gdy odebrano mu pracę, którą kiedyś zajmował.

Ringhiò e piagnucolò quando gli strapparono le redini dal corpo.

Warczał i skomlał, gdy szarpano go za lejce.

Quando vide Solleks al suo posto, pianse disperato.

Gdy zobaczył Solleksa na swoim miejscu, rozpłakał się z bólu i rozpaczy.

L'orgoglio per il lavoro sui sentieri era profondo in Dave, anche quando la morte si avvicinava.

Dave czuł głęboką dumę z pracy na szlaku, nawet gdy zbliżała się śmierć.

Mentre la slitta si muoveva, Dave arrancava nella neve soffice vicino al sentiero.

Gdy sanki się poruszały, Dave brnął przez miękki śnieg w pobliżu szlaku.

Attaccò Solleks, mordendolo e spingendolo giù dal lato della slitta.

Zaatakował Solleksa, gryząc go i popychając od strony sań.

Dave cercò di saltare nell'imbracatura e di riprendersi il suo posto di lavoro.

Dave próbował wskoczyć w uprząż i odzyskać swoje miejsce pracy.

Lui guaiva, si lamentava e piangeva, diviso tra il dolore e l'orgoglio del parto.

Krzyczał, jęczał i płakał, rozdarty między bólem a dumą z porodu.

Il meticcio usò la frusta per cercare di allontanare Dave dalla squadra.

Mieszaniec próbował za pomocą bata odgonić Dave'a od drużyny.

Ma Dave ignorò la frustata e l'uomo non riuscì a colpirlo più forte.

Ale Dave zignorował cios, a mężczyzna nie mógł uderzyć go mocniej.

Dave rifiutò il sentiero più facile dietro la slitta, dove la neve era compatta.

Dave odmówił łatwiejszej drogi za saniami, gdzie śnieg był ubity.

Invece, si ritrovò a lottare nella neve profonda, ai lati del sentiero, in preda alla miseria.

Zamiast tego, zmagał się z głębokim śniegiem przy szlaku, pogrążony w rozpaczy.

Alla fine Dave crollò, giacendo sulla neve e urlando di dolore.

W końcu Dave upadł, leżał na śniegu i wył z bólu.

Lanciò un grido mentre la lunga fila di slitte gli passava accanto una dopo l'altra.

Krzyknął, gdy długi sznur sań przejeżdżał obok niego jeden po drugim.

Tuttavia, con le poche forze che gli rimanevano, si alzò e barcollò dietro di loro.

Jednak ostatkiem sił podniósł się i powlókł za nimi.

Quando il treno si fermò di nuovo, lo raggiunse e trovò la sua vecchia slitta.

Dogonił go, gdy pociąg znów się zatrzymał i odnalazł swoje stare sanki.

Superò con difficoltà le altre squadre e tornò a posizionarsi accanto a Solleks.

Prześlizgnął się obok pozostałych drużyn i ponownie stanął obok Solleksa.

Mentre l'autista si fermava per accendere la pipa, Dave colse l'ultima occasione.

Kiedy kierowca zatrzymał się, by zapalić fajkę, Dave
wykorzystał ostatnią szansę.

Quando l'autista tornò e urlò, la squadra non avanzò.

Gdy kierowca wrócił i krzyknął, drużyna nie ruszyła dalej.

**I cani avevano girato la testa, confusi dall'improvviso
arresto.**

Psy odwróciły głowy, zdezorientowane nagłą przerwą.

**Anche il conducente era scioccato: la slitta non si era mossa
di un centimetro in avanti.**

Kierowca również był zszokowany — sanie nie przesunęły się
ani o cal do przodu.

Chiamò gli altri perché venissero a vedere cosa era successo.

Zawołał do pozostałych, żeby przyszli i zobaczyli, co się stało.

**Dave aveva masticato le redini di Solleks, spezzandole
entrambe.**

Dave przegryzł lejce Solleksa, rozrywając je na kawałki.

**Ora era di nuovo in piedi davanti alla slitta, nella sua giusta
posizione.**

Teraz stanął przed saniami, wracając na swoją właściwą
pozycję.

**Dave alzò lo sguardo verso l'autista, implorandolo
silenziosamente di restare al passo.**

Dave spojrzał na kierowcę, błagając go w duchu, aby ten nie
schodził z trasy.

**L'autista era perplesso e non sapeva cosa fare per il cane in
difficoltà.**

Kierowca był zdezorientowany i nie wiedział, co zrobić z
walczącym psem.

**Gli altri uomini parlavano di cani morti perché li avevano
portati fuori.**

Pozostali mężczyźni opowiadali o psach, które zdechły
podczas wyprowadzania.

**Raccontavano di cani vecchi o feriti il cui cuore si era
spezzato quando erano stati abbandonati.**

Opowiadali o starych i rannych psach, których serca pękały,
gdy je zostawiano.

Concordarono che era un atto di misericordia lasciare che Dave morisse mentre era ancora imbrigliato.

Zgodzili się, że pozwolenie Dave'owi umrzeć, gdy był jeszcze w uprzęży, było aktem miłosierdzia.

Fu rimesso in sicurezza sulla slitta e Dave tirò con orgoglio.

Przypięto go z powrotem do sań, a Dave ciągnął z dumą.

Anche se a volte gridava, lavorava come se il dolore potesse essere ignorato.

Choć czasami krzyczał, zachowywał się tak, jakby ból można było ignorować.

Più di una volta cadde e fu trascinato prima di rialzarsi.

Nie raz upadał i był ciągnięty, zanim zdołał się podnieść.

A un certo punto la slitta gli rotolò addosso e da quel momento in poi zoppicò.

W pewnym momencie sanki przewróciły się na niego i od tego momentu utykał.

Nonostante ciò, lavorò finché non raggiunse l'accampamento e poi si sdraiò accanto al fuoco.

Mimo to pracował aż dotarli do obozu, a potem położył się przy ognisku.

Al mattino Dave era troppo debole per muoversi o anche solo per stare in piedi.

Rano Dave był zbyt słaby, aby podróżować, a nawet stać prosto.

Al momento di allacciare l'imbracatura, cercò di raggiungere il suo autista con sforzi tremanti.

Podczas zaprzęgu próbował dotrzeć do kierowcy, drżąc z wysiłku.

Si sforzò di rialzarsi, barcollò e crollò sul terreno innevato.

Zmusił się do podniesienia, zatoczył się i padł na zaśnieżoną ziemię.

Utilizzando le zampe anteriori, trascinò il suo corpo verso la zona dell'imbracatura.

Używając przednich nóg, pociągnął ciało w kierunku miejsca założenia uprzęży.

Si fece avanti, centimetro dopo centimetro, verso i cani da lavoro.

Zbliżał się, cal po calu, do pracujących psów.

Le forze gli cedettero, ma continuò a muoversi nel suo ultimo disperato tentativo.

Siły go opuściły, lecz kontynuował swój ostatni desperacki atak.

I suoi compagni di squadra lo videro ansimare nella neve, ancora desideroso di unirsi a loro.

Jego koledzy z drużyny widzieli, jak dyszy na śniegu, wciąż pragnąc do nich dołączyć.

Lo sentirono urlare di dolore mentre si lasciavano alle spalle l'accampamento.

Słyszeli, jak wył z żalu, gdy opuszczali obóz.

Mentre la squadra svaniva tra gli alberi, il grido di Dave risuonava dietro di loro.

Gdy drużyna zniknęła między drzewami, za nimi rozległ się krzyk Dave'a.

Il treno delle slitte si fermò brevemente dopo aver attraversato un tratto di fiume ricco di boschi.

Pociąg saneczkowy zatrzymał się na krótko po przejechaniu przez odcinek lasu nadrzecznego.

Il meticcio scozzese tornò lentamente verso l'accampamento alle sue spalle.

Szkocki półkrwi powoli ruszył z powrotem w stronę obozu.

Gli uomini smisero di parlare quando lo videro scendere dal treno delle slitte.

Mężczyźni przestali rozmawiać, gdy zobaczyli, że wysiada z pociągu.

Poi un singolo colpo di pistola risuonò chiaro e netto attraverso il sentiero.

Wtedy pojedynczy strzał rozległ się wyraźnie i ostro na szlaku.

L'uomo tornò rapidamente e prese il suo posto senza dire una parola.

Mężczyzna wrócił szybko i zajął swoje miejsce, nie mówiąc ani słowa.

Le fruste schioccavano, i campanelli tintinnavano e le slitte avanzavano sulla neve.

Strzelały baty, dzwoniły dzwonki, a sanki toczyły się po śniegu.

Ma Buck sapeva cosa era successo, come tutti gli altri cani.

Ale Buck wiedział, co się stało, tak samo jak każdy inny pies.

La fatica delle redini e del sentiero
Męka cugli i szlaku

Trenta giorni dopo aver lasciato Dawson, la Salt Water Mail raggiunse Skaguay.

Trzydzieści dni po opuszczeniu Dawson, statek Salt Water Mail dotarł do Skaguay.

Buck e i suoi compagni di squadra presero il comando e arrivarono in condizioni pietose.

Buck i jego koledzy z drużyny wyszli na prowadzenie, docierając na metę w opłakanym stanie.

Buck era sceso da 140 a 150 chili.

Buck schudł ze stu czterdziestu do stu piętnastu funtów.

Gli altri cani, sebbene più piccoli, avevano perso ancora più peso corporeo.

Pozostałe psy, mimo że mniejsze, straciły jeszcze więcej na wadze.

Pike, che una volta zoppicava fingendo, ora trascinava dietro di sé una gamba veramente ferita.

Pike, który kiedyś udawał utykanie, teraz ciągnął za sobą poważnie kontuzjowaną nogę.

Solleks zoppicava gravemente e Dub aveva una scapola slogata.

Solleks mocno utykał, a Dub miał złamaną łopatkę.

Tutti i cani del team avevano i piedi doloranti a causa delle settimane trascorse sul sentiero ghiacciato.

Każdy pies w zespole miał obolałe nogi od tygodni spędzonych na zamarzniętym szlaku.

Non avevano più slancio nei loro passi, solo un movimento lento e trascinato.

Ich kroki nie były już sprężyste, poruszali się jedynie powoli i powłócząc nogami.

I loro piedi colpivano il sentiero con forza e ogni passo aggiungeva ulteriore sforzo al loro corpo.

Ich stopy mocno uderzają o szlak, każdy krok powoduje większe obciążenie ciała.

Non erano malati, erano solo stremati oltre ogni possibile guarigione naturale.

Nie byli chorzy, tylko wyczerpani do tego stopnia, że nie mogli już normalnie wyzdrowieć.

Non si trattava della stanchezza di una giornata faticosa, curata con una notte di riposo.

Nie było to zmęczenie po ciężkim dniu, które można wyleczyć nocnym odpoczynkiem.

Era una stanchezza accumulata lentamente attraverso mesi di sforzi estenuanti.

To było wyczerpanie, narastające powoli, przez miesiące wyczerpującego wysiłku.

Non era rimasta alcuna riserva di forze: avevano esaurito ogni energia a loro disposizione.

Nie mieli już żadnych rezerwowych sił – wykorzystali wszystkie, jakie mieli.

Ogni muscolo, fibra e cellula del loro corpo era consumato e usurato.

Każdy mięsień, włókno i komórka w ich ciałach były zużyte i wyeksploatowane.

E c'era un motivo: avevano percorso duemilacinquecento miglia.

I był ku temu powód — przejechali łącznie dwadzieścia pięćset mil.

Si erano riposati solo cinque giorni durante le ultime milleottocento miglia.

W ciągu ostatnich tysiąca ośmiuset mil odpoczywali tylko pięć dni.

Quando giunsero a Skaguay, sembrava che riuscissero a malapena a stare in piedi.

Gdy dotarli do Skaguay, wyglądało na to, że ledwo mogą ustać na nogach.

Facevano fatica a tenere le redini strette e a restare davanti alla slitta.

Starali się trzymać lejce mocno i utrzymać się przed saniami.

Nei pendii in discesa riuscivano solo a evitare di essere investiti.

Na zjazdach udało im się jedynie uniknąć potrącenia.

"Continuate a marciare, poveri piedi doloranti", disse l'autista mentre zoppicavano.

„Idźcie dalej, biedne, obolałe stopy" – powiedział kierowca, gdy utykali.

"Questo è l'ultimo tratto, poi ci prenderemo tutti un lungo riposo, di sicuro."

„To jest ostatni odcinek, potem na pewno wszyscy będziemy mieli długi odpoczynek".

"Un riposo davvero lungo", promise, guardandoli barcollare in avanti.

„Jeden naprawdę długi odpoczynek" – obiecał, patrząc, jak zataczają się do przodu.

Gli autisti si aspettavano una lunga e necessaria pausa.

Kierowcy spodziewali się, że teraz będą mogli zrobić sobie długą, potrzebną przerwę.

Avevano percorso milleduecento miglia con solo due giorni di riposo.

Przebyli tysiąc dwieście mil, odpoczywając zaledwie dwa dni.

Per correttezza e ragione, ritenevano di essersi guadagnati un po' di tempo per rilassarsi.

Uczciwie i rozsądnie uważali, że zasłużyli na czas na relaks.

Ma troppi erano giunti nel Klondike e troppo pochi erano rimasti a casa.

Ale zbyt wielu przybyło nad Klondike, a zbyt niewielu zostało w domu.

Le lettere delle famiglie continuavano ad arrivare, creando pile di posta in ritardo.

Zalewająca miasto korespondencja od rodzin zalewała domki, tworząc stosy opóźnionej poczty.

Arrivarono gli ordini ufficiali: i nuovi cani della Hudson Bay avrebbero preso il sopravvento.

Przyszły oficjalne rozkazy — nowe psy z Zatoki Hudsona miały przejąć władzę.

I cani esausti, ormai considerati inutili, dovevano essere eliminati.

Wyczerpane psy, teraz uznane za bezwartościowe, miały zostać usunięte.

Poiché i soldi erano più importanti dei cani, venivano venduti a basso prezzo.

Ponieważ pieniądze były dla nich ważniejsze od psów, zamierzano je sprzedać tanio.

Passarono altri tre giorni prima che i cani si accorgessero di quanto fossero deboli.

Minęły kolejne trzy dni, zanim psy poczuły, jak bardzo są osłabione.

La quarta mattina, due uomini provenienti dagli Stati Uniti acquistarono l'intera squadra.

Czwartego ranka dwóch mężczyzn ze Stanów wykupiło cały zespół.

La vendita comprendeva tutti i cani e le loro imbracature usate.

Sprzedaż obejmowała wszystkie psy wraz ze zużytymi szelkami.

Mentre concludevano l'affare, gli uomini si chiamavano tra loro "Hal" e "Charles".

Mężczyźni zwracali się do siebie „Hal" i „Charles", finalizując transakcję.

Charles era un uomo di mezza età, pallido, con labbra molli e folti baffi.

Charles był mężczyzną w średnim wieku, bladym, o wiotkich ustach i ostrych końcówkach wąsów.

Hal era un giovane, forse diciannove anni, che indossava una cintura imbottita di cartucce.

Hal był młodym mężczyzną, miał może dziewiętnaście lat i nosił pas wypchany nabojami.

Nella cintura erano contenuti un grosso revolver e un coltello da caccia, entrambi inutilizzati.

Na pasku znajdował się duży rewolwer i nóż myśliwski, oba nieużywane.

Dimostrava quanto fosse inesperto e inadatto alla vita nel Nord.

Pokazywało to jego niedoświadczenie i nieprzygotowanie do życia na północy.

Nessuno dei due uomini viveva in natura; la loro presenza sfidava ogni ragionevolezza.

Żaden z nich nie należał do dzikich zwierząt; ich obecność przeczyła wszelkiemu zdrowemu rozsądkowi.

Buck osservava lo scambio di denaro tra l'acquirente e l'agente.

Buck obserwował, jak pieniądze przechodziły z rąk do rąk między kupującym a agentem.

Sapeva che i conducenti dei treni postali stavano abbandonando la sua vita come tutti gli altri.

Wiedział, że maszyniści pociągów pocztowych odchodzą z jego życia tak jak pozostali.

Seguirono Perrault e François, ormai scomparsi.

Poszli za Perraultem i François, których już nie można było odszukać.

Buck e la squadra vennero condotti al disordinato accampamento dei loro nuovi proprietari.

Buck i jego drużyna zostali zaprowadzeni do brudnego obozowiska nowych właścicieli.

La tenda cedeva, i piatti erano sporchi e tutto era in disordine.

Namiot zapadł się, naczynia były brudne, a wszystko leżało w nieładzie.

Anche Buck notò una donna lì: Mercedes, moglie di Charles e sorella di Hal.

Buck zauważył tam również kobietę – Mercedes, żonę Charlesa i siostrę Hala.

Formavano una famiglia completa, anche se erano tutt'altro che adatti al sentiero.

Stanowili kompletną rodzinę, choć daleko im było do przystosowania do szlaku.

Buck osservava nervosamente mentre il trio iniziava a impacchettare le provviste.

Buck nerwowo obserwował, jak trójka zaczyna pakować rzeczy.

Lavoravano duro ma senza ordine, solo confusione e sforzi sprecati.

Pracowali ciężko, ale bez ładu i składu – tylko zamieszanie i marnowanie wysiłku.

La tenda era arrotolata fino a formare una sagoma ingombrante, decisamente troppo grande per la slitta.

Namiot zwinięto w nieporęczny kształt, zdecydowanie za duży do sań.

I piatti sporchi venivano imballati senza essere stati né lavati né asciugati.

Brudne naczynia pakowano bez ich umycia i wysuszenia.

Mercedes svolazzava in giro, parlando, correggendo e intromettendosi in continuazione.

Mercedes krzątała się tu i ówdzie, nieustannie gadając, poprawiając i wtrącając się.

Quando le misero un sacco davanti, lei insistette perché lo mettesse dietro.

Gdy worek został umieszczony z przodu, ona nalegała, żeby umieścić go z tyłu.

Mise il sacco in fondo e un attimo dopo ne ebbe bisogno.

Spakowała worek na dno i w następnej chwili go potrzebowała.

Quindi la slitta venne disimballata di nuovo per raggiungere quella specifica borsa.

Więc sanie rozpakowano ponownie, żeby dotrzeć do konkretnego bagażu.

Lì vicino, tre uomini stavano fuori da una tenda e osservavano la scena che si svolgeva.

Nieopodal, przed namiotem, trzej mężczyźni stali i obserwowali rozwój wydarzeń.

Sorrisero, ammiccarono e sogghignarono di fronte all'evidente confusione dei nuovi arrivati.

Uśmiechali się, mrugali i szczerzyli zęby w uśmiechu, widząc wyraźne zdezorientowanie przybyszów.

"Hai già un carico parecchio pesante", disse uno degli uomini.

„Masz już naprawdę ciężki ładunek" – powiedział jeden z mężczyzn.

"Non credo che dovresti portare quella tenda, ma la scelta è tua."

„Myślę, że nie powinieneś nieść tego namiotu, ale to twój wybór."

"Impensabile!" esclamò Mercedes, alzando le mani in segno di disperazione.

„Nie do pomyślenia!" – krzyknęła Mercedes, rozpaczliwie unosząc ręce.

"Come potrei viaggiare senza una tenda sotto cui dormire?"

„Jak mógłbym podróżować bez namiotu, pod którym mógłbym spać?"

«È primavera, non vedrai più il freddo», rispose l'uomo.

„Jest wiosna, nie będzie już takiej zimy" – odpowiedział mężczyzna.

Ma lei scosse la testa e loro continuarono ad accumulare oggetti sulla slitta.

Ona jednak pokręciła głową, a oni dalej dokładali rzeczy na sanki.

Il carico era pericolosamente alto mentre aggiungevano gli ultimi oggetti.

Ładunek niebezpiecznie wzrósł, gdy dodawali ostatnie rzeczy.

"Pensi che la slitta andrà avanti?" chiese uno degli uomini con aria scettica.

„Myślisz, że sanie pojadą?" – zapytał jeden z mężczyzn ze sceptycznym wyrazem twarzy.

"E perché non dovrebbe?" ribatté Charles con netto fastidio.

„A dlaczego nie?" – warknął Charles z ostrym rozdrażnieniem.

"Oh, va bene", disse rapidamente l'uomo, evitando di offendersi.

„Och, w porządku" – powiedział szybko mężczyzna, wycofując się z ataku.

"Mi chiedevo solo: mi sembrava un po' troppo pesante nella parte superiore."

„Zastanawiałem się tylko – wydawało mi się, że jest trochę za bardzo przeładowany u góry".

Charles si voltò e legò il carico meglio che poté.

Charles odwrócił się i związał ładunek najlepiej jak potrafił.

Ma le legature erano allentate e l'imballaggio nel complesso era fatto male.

Jednak mocowania były luźne, a pakowanie ogólnie rzecz biorąc źle wykonane.

"Certo, i cani tireranno così tutto il giorno", disse sarcasticamente un altro uomo.

„Jasne, psy będą to ciągnąć cały dzień" – powiedział sarkastycznie inny mężczyzna.

«Certamente», rispose Hal freddamente, afferrando il lungo timone della slitta.

„Oczywiście" – odpowiedział chłodno Hal, chwytając za długi drążek sterowniczy sanek.

Tenendo una mano sul palo, faceva roteare la frusta nell'altra.

Jedną ręką trzymając drążek, drugą wymachiwał batem.

"Andiamo!" urlò. "Muovetevi!", incitando i cani a partire.

„Ruszajmy!" krzyknął. „Ruszajcie się!" zachęcając psy do startu.

I cani si appoggiarono all'imbracatura e si sforzarono per qualche istante.

Psy naparły na uprząż i przez chwilę walczyły.

Poi si fermarono, incapaci di spostare di un centimetro la slitta sovraccarica.

Następnie zatrzymali się, nie mogąc ruszyć przeciążonych sań nawet o cal.

"Quei fannulloni!" urlò Hal, alzando la frusta per colpirli.

„Leniwe bestie!" krzyknął Hal, podnosząc bat, żeby ich uderzyć.

Ma Mercedes si precipitò dentro e strappò la frusta dalle mani di Hal.

Ale Mercedes wpadła i wyrwała bat z rąk Hala.

«Oh, Hal, non osare far loro del male», gridò allarmata.

„Och, Hal, nie waż się ich skrzywdzić!" – krzyknęła
przerażona.

**"Promettimi che sarai gentile con loro, altrimenti non farò un
altro passo."**

„Obiecaj mi, że będziesz dla nich miły, albo nie zrobię ani
kroku dalej".

"Non sai niente di cani", scattò Hal contro la sorella.

„Nic nie wiesz o psach" – warknął Hal do swojej siostry.

"Sono pigri e l'unico modo per smuoverli è frustarli."

„Są leniwe i jedynym sposobem, żeby je ruszyć, jest ich
chłosta".

**"Chiedi a chiunque, chiedi a uno di quegli uomini laggiù se
dubiti di me."**

„Zapytaj kogokolwiek – zapytaj któregoś z tych mężczyzn,
jeśli we mnie wątpisz."

**Mercedes guardò gli astanti con occhi imploranti e pieni di
lacrime.**

Mercedes spojrzała na gapiów błagalnym, pełnym łez
wzrokiem.

**Il suo viso rivelava quanto odiasse la vista di qualsiasi
dolore.**

Na jej twarzy widać było, jak bardzo nienawidzi widoku
jakiegokolwiek bólu.

"Sono deboli, tutto qui", ha detto un uomo. "Sono sfiniti."

„Są słabi, to wszystko" – powiedział jeden mężczyzna. „Są
wyczerpani".

**"Hanno bisogno di riposare: hanno lavorato troppo a lungo
senza una pausa."**

„Potrzebują odpoczynku – pracowali zbyt długo bez
przerwy".

**«Che il resto sia maledetto», borbottò Hal arricciando il
labbro.**

„Niech reszta będzie przeklęta" – mruknął Hal, krzywiąc usta.

**Mercedes sussultò, visibilmente addolorata per le parole
volgari pronunciate da lui.**

Mercedes jęknęła, wyraźnie zasmucona jego wulgarnymi
słowami.

Ciononostante, lei rimase leale e difese immediatamente il fratello.

Mimo wszystko pozostała lojalna i natychmiast stanęła w obronie brata.

"Non badare a quell'uomo", disse ad Hal. "Sono i nostri cani."

„Nie przejmuj się tym człowiekiem" – powiedziała do Hala. „To nasze psy".

"Li guidi come meglio credi: fai ciò che ritieni giusto."

„Prowadź je tak, jak uważasz za stosowne – rób to, co uważasz za słuszne".

Hal sollevò la frusta e colpì di nuovo i cani senza pietà.

Hal podniósł bat i ponownie uderzył psy bez litości.

Si lanciarono in avanti, con i corpi bassi e i piedi che affondavano nella neve.

Rzucili się do przodu, pochylając nisko ciała i wbijając stopy w śnieg.

Tutta la loro forza era concentrata nel traino, ma la slitta non si muoveva.

Całą swoją siłę włożyli w ciągnięcie, lecz sanie nie ruszyły.

La slitta rimase bloccata, come un'ancora congelata nella neve compatta.

Sanie pozostały przyklejone, niczym kotwica zamarznięta w ubitym śniegu.

Dopo un secondo tentativo, i cani si fermarono di nuovo, ansimando forte.

Po drugiej próbie psy znów się zatrzymały, ciężko dysząc.

Hal sollevò di nuovo la frusta, proprio mentre Mercedes interferiva di nuovo.

Hal ponownie podniósł bat, akurat w chwili, gdy Mercedes znów wkroczyła do akcji.

Si lasciò cadere in ginocchio davanti a Buck e gli abbracciò il collo.

Uklękła przed Buckiem i objęła go za szyję.

Le lacrime le riempivano gli occhi mentre implorava il cane esausto.

Łzy napłynęły jej do oczu, gdy błagała wyczerpanego psa.

"Poveri cari", disse, "perché non tirate più forte?"

„Biedactwa", powiedziała, „dlaczego po prostu nie pociągniecie mocniej?"

"Se tiri, non verrai frustato così."

„Jeśli pociągniesz, to nie dostaniesz takiego bata."

A Buck non piaceva Mercedes, ma ormai era troppo stanco per resisterle.

Buck nie lubił Mercedes, ale był teraz zbyt zmęczony, żeby jej się oprzeć.

Lui accettò le sue lacrime come se fossero solo un'altra parte di quella giornata miserabile.

Przyjął jej łzy jako kolejny element tego okropnego dnia.

Uno degli uomini che osservavano, dopo aver represso la rabbia, finalmente parlò.

Jeden z obserwujących mężczyzn w końcu przemówił, powstrzymując gniew.

"Non mi interessa cosa succede a voi, ma quei cani sono importanti."

„Nie obchodzi mnie, co się z wami stanie, ale te psy są ważne".

"Se vuoi aiutare, stacca quella slitta: è ghiacciata e innevata."

„Jeśli chcesz pomóc, uwolnij sanki – są zamarznięte do śniegu".

"Spingi con forza il palo della luce, a destra e a sinistra, e rompi il sigillo di ghiaccio."

„Naciśnij mocno na drążek skrętu, w prawo i w lewo, a rozbijesz pokrywę lodową".

Fu fatto un terzo tentativo, questa volta seguendo il suggerimento dell'uomo.

Podjęto trzecią próbę, tym razem idąc za sugestią mężczyzny.

Hal fece oscillare la slitta da una parte all'altra, facendo staccare i pattini.

Hal zakołysał saniami na boki, aż płozy się uwolniły.

La slitta, benché sovraccarica e scomoda, alla fine sobbalzò in avanti.

Choć przeciążone i niezgrabne, sanie w końcu ruszyły do przodu.

Buck e gli altri tirarono selvaggiamente, spinti da una tempesta di frustate.

Buck i pozostali ciągnęli jak szaleni, gnani falą uderzeń biczem.

Un centinaio di metri più avanti, il sentiero curvava e scendeva in pendenza verso la strada.

Sto jardów dalej ścieżka skręcała i prowadziła w stronę ulicy.

Ci sarebbe voluto un guidatore esperto per tenere la slitta in posizione verticale.

Utrzymanie sań w pozycji pionowej wymagało umiejętności kierowcy.

Hal non era abile e la slitta si ribaltò mentre svoltava.

Hal nie miał odpowiednich umiejętności i sanki przewróciły się na zakręcie.

Le cinghie allentate cedettero e metà del carico si rovesciò sulla neve.

Luźne wiązania puściły i połowa ładunku rozsypała się na śniegu.

I cani non si fermarono; la slitta più leggera continuò a procedere su un fianco.

Psy się nie zatrzymały; lżejsze sanie powędrowały na bok.

I cani, furiosi per i maltrattamenti e per il peso del carico, corsero più veloci.

Wściekłe z powodu znęcania się i ciężaru, psy pobiegły szybciej.

Buck, infuriato, si lanciò a correre, seguito dalla squadra.

Buck, wściekły, rzucił się do biegu, a reszta drużyny podążyła za nim.

Hal urlò "Whoa! Whoa!" ma la squadra non gli prestò attenzione.

Hal krzyknął „Whoa! Whoa!", ale drużyna nie zwróciła na niego uwagi.

Inciampò, cadde e fu trascinato a terra dall'imbracatura.

Potknął się, upadł i został wleczony po ziemi za uprząż.

La slitta rovesciata lo travolse mentre i cani continuavano a correre avanti.

Wywrócone sanie uderzyły w niego, gdy psy pobiegły naprzód.

Il resto delle provviste è sparso lungo la trafficata strada di Skaguay.

Reszta zapasów rozrzucona po ruchliwej ulicy Skaguay.

Le persone di buon cuore si precipitarono a fermare i cani e a raccogliere l'attrezzatura.

Dobroczynni ludzie pobiegli zatrzymać psy i zabrać sprzęt.

Diedero anche consigli schietti e pratici ai nuovi viaggiatori.

Udzielali także nowym podróżnikom bezpośrednich i praktycznych porad.

"Se vuoi raggiungere Dawson, prendi metà del carico e raddoppia i cani."

„Jeśli chcesz dotrzeć do Dawsona, weź połowę ładunku i podwój liczbę psów".

Hal, Charles e Mercedes ascoltarono, anche se non con entusiasmo.

Hal, Charles i Mercedes słuchali, choć bez entuzjazmu.

Montarono la tenda e cominciarono a sistemare le loro provviste.

Rozbili namiot i zaczęli przeglądać swoje rzeczy.

Ne uscirono dei cibi in scatola, che fecero ridere a crepapelle gli astanti.

Na stole pojawiły się puszki z jedzeniem, co wywołało salwy śmiechu wśród gapiów.

"Roba in scatola sul sentiero? Morirai di fame prima che si sciolga", disse uno.

„Konserwy na szlaku? Umrzesz z głodu, zanim się rozpuszczą" – powiedział jeden.

"Coperte d'albergo? Meglio buttarle via tutte."

„Koce hotelowe? Lepiej je wszystkie wyrzucić."

"Togli anche la tenda e qui nessuno laverà più i piatti."

„Pozbądź się też namiotu, a tutaj nikt nie będzie zmywał naczyń."

"Pensi di viaggiare su un treno Pullman con dei servitori a bordo?"

„Myślisz, że jedziesz pociągiem Pullman ze służbą na pokładzie?"

Il processo ebbe inizio: ogni oggetto inutile venne gettato da parte.

Proces się rozpoczął — wszystkie bezużyteczne przedmioty zostały wyrzucone na bok.

Mercedes pianse quando le sue borse furono svuotate sul terreno innevato.

Mercedes płakała, gdy wysypano jej torby na zaśnieżoną ziemię.

Singhiozzava per ogni oggetto buttato via, uno per uno, senza sosta.

Płakała nad każdą rzeczą, którą wyrzucała po kolei, bez chwili zawahania.

Giurò di non fare un altro passo, nemmeno per dieci Charles.

Przyrzekła sobie, że nie zrobi ani jednego kroku więcej – nawet za dziesięciu Charlesów.

Pregò ogni persona vicina di lasciarle conservare le sue cose preziose.

Błagała każdą osobę znajdującą się w pobliżu, aby pozwoliła jej zatrzymać jej cenne rzeczy.

Alla fine si asciugò gli occhi e cominciò a gettare via anche i vestiti più importanti.

Na koniec otarła oczy i zaczęła wyrzucać nawet najważniejsze ubrania.

Una volta terminato il suo, cominciò a svuotare le scorte degli uomini.

Kiedy skończyła ze swoimi rzeczami, zaczęła opróżniać zapasy mężczyzn.

Come un turbine, fece a pezzi gli effetti personali di Charles e Hal.

Jak huragan porwała rzeczy Charlesa i Hala.

Sebbene il carico fosse dimezzato, era comunque molto più pesante del necessario.

Mimo że ładunek zmniejszył się o połowę, nadal był znacznie cięższy, niż było to konieczne.

Quella notte, Charles e Hal uscirono e comprarono sei nuovi cani.

Tej nocy Charles i Hal poszli i kupili sześć nowych psów.

Questi nuovi cani si unirono ai sei originali, più Teek e Koona.

Do pierwotnej szóstki, plus Teeka i Koonę, dołączyły nowe psy.

Insieme formarono una squadra di quattordici cani attaccati alla slitta.

Razem stworzyli zespół składający się z czternastu psów zaprzęgniętych do sań.

Ma i nuovi cani erano inadatti e poco addestrati per il lavoro con la slitta.

Jednak nowe psy nie nadawały się do pracy zaprzęgowej i były do tego słabo wyszkolone.

Tre dei cani erano cani da caccia a pelo corto, mentre uno era un Terranova.

Trzy z psów były krótkowłosymi pointerami, a jeden był nowofundlandem.

Gli ultimi due cani erano meticci senza alcuna razza o scopo ben definito.

Ostatnie dwa psy były kundlami bez wyraźnej rasy i przeznaczenia.

Non capivano il percorso e non lo imparavano in fretta.

Nie rozumieli szlaku i nie nauczyli się go szybko.

Buck e i suoi compagni li osservavano con disprezzo e profonda irritazione.

Buck i jego towarzysze patrzyli na nich z pogardą i głęboką irytacją.

Sebbene Buck insegnasse loro cosa non fare, non poteva insegnare loro il dovere.

Chociaż Buck uczył ich, czego nie należy robić, nie potrafił nauczyć ich obowiązku.

Non amavano la vita sui sentieri né la trazione delle redini e delle slitte.

Nie znosiły życia na szlaku ani ciągnięcia lejców i sań.

Soltanto i bastardi cercarono di adattarsi, e anche a loro mancava lo spirito combattivo.

Tylko kundle próbowały się przystosować, ale nawet im brakowało ducha walki.

Gli altri cani erano confusi, indeboliti e distrutti dalla loro nuova vita.

Pozostałe psy były zdezorientowane, osłabione i złamane nowym życiem.

Con i nuovi cani all'oscuro e i vecchi esausti, la speranza era flebile.

Nowe psy nie miały pojęcia, co się dzieje, a stare były wyczerpane, więc nadzieja była nikła.

La squadra di Buck aveva percorso duemilacinquecento miglia di sentiero accidentato.

Zespół Bucka pokonał dwadzieścia pięćset mil trudnego szlaku.

Ciononostante, i due uomini erano allegri e orgogliosi della loro grande squadra di cani.

Mimo to obaj mężczyźni byli radośni i dumni ze swojego dużego psiego zaprzęgu.

Pensavano di viaggiare con stile, con quattordici cani al seguito.

Myśleli, że podróżują z klasą, zabierając ze sobą czternaście psów.

Avevano visto delle slitte partire per Dawson e altre arrivarne.

Widzieli sanie odjeżdżające do Dawson i inne przyjeżdżające stamtąd.

Ma non ne avevano mai vista una trainata da ben quattordici cani.

Ale nigdy nie widzieli pojazdu ciągniętego przez czternaście psów.

C'era un motivo per cui squadre del genere erano rare nelle terre selvagge dell'Artico.

Był powód, dla którego takie zespoły były rzadkością na arktycznych pustkowiach.

Nessuna slitta poteva trasportare cibo sufficiente a sfamare quattordici cani per l'intero viaggio.

Żadne sanie nie były w stanie przewieźć wystarczającej ilości jedzenia dla czternastu psów.

Ma Charles e Hal non lo sapevano: avevano fatto i calcoli.

Ale Charles i Hal nie wiedzieli, że to już wszystko wiedzą.

Hanno pianificato la razione di cibo: una certa quantità per cane, per un certo numero di giorni, fatta.

Zaplanowali jedzenie: ile na psa, na ile dni, gotowe.

Mercedes guardò i numeri e annuì come se avessero senso.

Mercedes spojrzała na swoje liczby i pokiwała głową, jakby wszystko miało sens.

Tutto le sembrava molto semplice, almeno sulla carta.

Wszystko wydawało jej się bardzo proste, przynajmniej na papierze.

La mattina seguente, Buck guidò lentamente la squadra lungo la strada innevata.

Następnego ranka Buck powoli poprowadził drużynę zaśnieżoną ulicą.

Non c'era né energia né spirito in lui e nei cani dietro di lui.

Nie było w nim ani w psach za nim żadnej energii ani ducha.

Erano stanchi morti fin dall'inizio: non avevano più riserve.

Byli śmiertelnie zmęczeni od samego początku, nie mieli już żadnych rezerw.

Buck aveva già fatto quattro viaggi tra Salt Water e Dawson.

Buck odbył już cztery podróże między Salt Water i Dawson.

Ora, di fronte alla stessa pista, non provava altro che amarezza.

Teraz, gdy znów stanął przed tym samym szlakiem, nie czuł nic poza goryczą.

Il suo cuore non c'era, e nemmeno quello degli altri cani.

Nie wkładał w to serca, tak samo jak serca innych psów.

I nuovi cani erano timidi e gli husky non si fidavano per niente.

Nowe psy były nieśmiałe, a husky nie wzbudzały żadnego zaufania.

Buck capì che non poteva fare affidamento su quei due uomini o sulla loro sorella.

Buck czuł, że nie może polegać ani na tych dwóch mężczyznach, ani na ich siostrze.

Non sapevano nulla e non mostravano alcun segno di apprendimento lungo il percorso.

Nie wiedzieli nic i nie wykazali żadnych oznak wyciągnięcia wniosków na szlaku.

Erano disorganizzati e privi di qualsiasi senso di disciplina.

Byli niezorganizowani i brakowało im dyscypliny.

Ogni volta impiegavano metà della notte per allestire un accampamento malmesso.

Za każdym razem zajmowało im to pół nocy, żeby rozbić byle jaki obóz.

E metà della mattina successiva la trascorsero di nuovo armeggiando con la slitta.

A połowę następnego poranka spędzili na ponownym majstrowaniu przy saniach.

Spesso a mezzogiorno si fermavano solo per sistemare il carico irregolare.

Około południa często zatrzymywali się, aby poprawić nierównomierny ładunek.

In alcuni giorni percorsero meno di dieci miglia in totale.

W niektóre dni przebyli w sumie mniej niż dziesięć mil.

Altri giorni non riuscivano proprio ad abbandonare l'accampamento.

Innym razem w ogóle nie udawało im się opuścić obozu.

Non sono mai riusciti a coprire la distanza alimentare prevista.

Nigdy nie zbliżyli się do zaplanowanego dystansu żywieniowego.

Come previsto, il cibo per i cani finì molto presto.

Jak się spodziewano, bardzo szybko zabrakło jedzenia dla psów.

Nei primi tempi hanno peggiorato ulteriormente la situazione con l'eccesso di cibo.

Na początku sytuację pogarszało przekarmianie.

Ciò rendeva la carestia sempre più vicina, con ogni razione disattenta.

Każda nieostrożna racja żywnościowa przybliżała nas do głodu.

I nuovi cani non avevano ancora imparato a sopravvivere con molto poco.

Nowe psy nie nauczyły się przetrwać, mając mało jedzenia.

Mangiarono avidamente, con un appetito troppo grande per il sentiero.

Jedli łapczywie, ich apetyty były zbyt duże jak na trasę.

Vedendo i cani indebolirsi, Hal pensò che il cibo non fosse sufficiente.

Widząc, że psy słabną, Hal uznał, że jedzenie nie wystarczy.

Raddoppiò le razioni, peggiorando ulteriormente l'errore.

Podwoił racje żywnościowe, co tylko pogorszyło sprawę.

Mercedes aggravò il problema con le sue lacrime e le sue suppliche sommesse.

Mercedes pogorszyła sprawę łzami i cichymi prośbami.

Quando non riuscì a convincere Hal, diede da mangiare ai cani di nascosto.

Gdy nie udało jej się przekonać Hala, potajemnie karmiła psy.

Rubò il pesce dai sacchi e glielo diede alle spalle.

Ukradła ryby z worków i dała im je za jego plecami.

Ma ciò di cui i cani avevano veramente bisogno non era altro cibo: era riposo.

Ale tym, czego psy naprawdę potrzebowały, nie było jedzenie, lecz odpoczynek.

Nonostante la loro scarsa velocità, la pesante slitta continuava a procedere.

Choć jechali słabo, ciężkie sanie nadal się ciągnęły.

Quel peso da solo esauriva ogni giorno le loro forze rimanenti.

Sam ten ciężar pozbawiał ich sił, które pozostały im każdego dnia.

Poi arrivò la fase della sottoalimentazione, quando le scorte scarseggiavano.

Potem nadszedł etap niedożywienia, gdyż zapasy zaczęły się kończyć.

Una mattina Hal si accorse che metà del cibo per cani era già finito.

Pewnego ranka Hal zdał sobie sprawę, że połowa karmy dla psa już się skończyła.

Avevano percorso solo un quarto della distanza totale del sentiero.

Przebyli zaledwie jedną czwartą całkowitego dystansu szlaku.

Non si poteva più comprare cibo, a qualunque prezzo.

Nie można było już kupić jedzenia, bez względu na oferowaną cenę.

Ridusse le porzioni dei cani al di sotto della razione giornaliera standard.

Zmniejszył porcje dla psów poniżej standardowej dziennej racji.

Allo stesso tempo, chiese di viaggiare più a lungo per compensare la perdita.

Jednocześnie domagał się dłuższego czasu podróży, aby zrekompensować straty.

Mercedes e Charles appoggiarono questo piano, ma fallirono nella sua realizzazione.

Mercedes i Charles poparli ten plan, ale nie udało im się go zrealizować.

La loro pesante slitta e la mancanza di abilità rendevano il progresso quasi impossibile.

Ciężkie sanie i brak umiejętności sprawiały, że postęp był niemal niemożliwy.

Era facile dare meno cibo, ma impossibile forzare uno sforzo maggiore.

Łatwo było dać mniej jedzenia, ale wymuszenie większego wysiłku było niemożliwe.

Non potevano partire prima, né viaggiare per ore extra.

Nie mogli zacząć wcześniej, ani podróżować dłużej.

Non sapevano come gestire i cani, e nemmeno loro stessi, a dire il vero.

Nie wiedzieli, jak pracować z psami, ani z samymi sobą.

Il primo cane a morire fu Dub, lo sfortunato ma laborioso ladro.

Pierwszym psem, który zginął, był Dub, pechowy, ale pracowity złodziej.

Sebbene spesso punito, Dub aveva fatto la sua parte senza lamentarsi.

Choć Dub był często karany, nie narzekał i zawsze dokładał starań.

La sua spalla ferita peggiorò se non ricevette cure adeguate e non ebbe bisogno di riposo.

Kontuzja jego ramienia pogarszała się, gdy nie dbał o nią ani nie potrzebował odpoczynku.

Alla fine, Hal usò la pistola per porre fine alle sofferenze di Dub.

Na koniec Hal użył rewolweru, by zakończyć cierpienie Duba.

Un detto comune afferma che i cani normali muoiono se vengono nutriti con razioni di husky.

Popularne powiedzenie głosi, że normalne psy umierają na racjach husky.

I sei nuovi compagni di Buck avevano ricevuto solo metà della quota di cibo riservata all'husky.

Sześcioro nowych towarzyszy Bucka miało tylko połowę porcji pożywienia, jaką miał husky.

Il Terranova morì per primo, seguito dai tre cani da caccia a pelo corto.

Najpierw zginął nowofundland, potem trzy krótkowłose pointery.

I due bastardi resistettero più a lungo ma alla fine morirono come gli altri.

Oba kundle wytrzymały dłużej, ale w końcu zginęły, tak jak reszta.

Ormai tutti i comfort e la gentilezza del Southland erano scomparsi.

W tym czasie wszelkie udogodnienia i łagodność Południa już dawno zniknęły.

Le tre persone avevano perso le ultime tracce della loro educazione civile.

Te trzy osoby pozbyły się ostatnich śladów cywilizowanego wychowania.

Spogliato di glamour e romanticismo, il viaggio nell'Artico è diventato brutalmente reale.

Pozbawiona blasku i romantyzmu podróż na Arktykę stała się brutalnie realna.

Era una realtà troppo dura per il loro senso di virilità e femminilità.

Była to rzeczywistość zbyt surowa dla ich poczucia męskości i kobiecości.

Mercedes non piangeva più per i cani, ma piangeva solo per se stessa.

Mercedes nie płakała już nad psami, ale teraz płakała już tylko nad sobą.

Trascorreva il tempo piangendo e litigando con Hal e Charles.

Spędzała czas na płaczu i kłótniach z Halem i Charlesem.

Litigare era l'unica cosa per cui non si stancavano mai.

Kłótnie były jedyną rzeczą, której nigdy nie byli zbyt zmęczeni.

La loro irritabilità derivava dalla miseria, cresceva con essa e la superava.

Ich drażliwość wynikała z nieszczęścia, rosła wraz z nim i przewyższała je.

La pazienza del cammino, nota a coloro che faticano e soffrono con generosità, non è mai arrivata.

Cierpliwość szlaku, znana tym, którzy ciężko pracują i cierpią z życzliwością, nigdy nie nadeszła.

Quella pazienza che rende dolce la parola nonostante il dolore, era a loro sconosciuta.

Ta cierpliwość, która pozwala zachować słodycz mowy pomimo bólu, była im nieznana.

Non avevano alcun briciolo di pazienza, nessuna forza derivante dalla sofferenza con grazia.

Nie było w nich ani krzty cierpliwości, żadnej siły czerpanej z cierpienia z wdzięcznością.

Erano irrigiditi dal dolore: dolori nei muscoli, nelle ossa e nel cuore.

Byli zesztywniali z bólu – bolały ich mięśnie, kości i serca.

Per questo motivo, divennero taglienti nella lingua e pronti a pronunciare parole dure.

Z tego powodu stali się ostrzy w języku i skorzy do używania ostrych słów.

Ogni giorno iniziava e finiva con voci arrabbiate e lamentele amare.

Każdy dzień zaczynał się i kończył gniewnymi głosami i gorzkimi skargami.

Charles e Hal litigavano ogni volta che Mercedes ne dava loro l'occasione.

Charles i Hal kłócili się za każdym razem, gdy Mercedes dawała im szansę.

Ogni uomo credeva di aver fatto più del dovuto.

Każdy z mężczyzn uważał, że wykonał więcej niż jego uczciwy przydział pracy.

Nessuno dei due ha mai perso l'occasione di dirlo, ancora e ancora.

Żadne z nich nigdy nie przegapiło okazji, żeby to powiedzieć raz po raz.

A volte Mercedes si schierava con Charles, a volte con Hal.

Czasami Mercedes stawała po stronie Charlesa, czasami po stronie Hala.

Ciò portò a una grande e infinita lite tra i tre.

Doprowadziło to do wielkiej i niekończącej się kłótni między tą trójką.

La disputa su chi dovesse tagliare la legna da ardere divenne incontrollabile.

Spór o to, kto powinien rąbać drewno na opał, wymknął się spod kontroli.

Ben presto vennero nominati padri, madri, cugini e parenti defunti.

Wkrótce zaczęto podawać nazwiska ojców, matek, kuzynów i zmarłych krewnych.

Le opinioni di Hal sull'arte o sulle opere teatrali di suo zio divennero parte della lotta.

Poglądy Hala na sztukę i sztuki jego wuja stały się częścią walki.

Anche le convinzioni politiche di Carlo entrarono nel dibattito.

Poglądy polityczne Karola również stały się przedmiotem debaty.

Per Mercedes, perfino i pettegolezzi della sorella del marito sembravano rilevanti.

Nawet plotki siostry jej męża wydawały się Mercedes istotne.

Espresse la sua opinione su questo e su molti dei difetti della famiglia di Charles.

Wyraziła swoją opinię na ten temat, jak również na temat wielu wad rodziny Charlesa.

Mentre discutevano, il fuoco rimase spento e l'accampamento mezzo allestito.

Podczas gdy się kłócili, ognisko pozostało zgaszone, a obóz był w połowie gotowy.

Nel frattempo i cani erano rimasti infreddoliti e senza cibo.

Tymczasem psy pozostawały zmarznięte i bez jedzenia.

Mercedes nutriva un risentimento che considerava profondamente personale.

Mercedes miała żal, który uważała za głęboko osobisty.

Si sentiva maltrattata in quanto donna e le venivano negati i suoi gentili privilegi.

Czuła się źle traktowana jako kobieta, pozbawiona delikatnych przywilejów.

Era carina e gentile, e per tutta la vita era stata abituata alla cavalleria.

Była ładna i delikatna, i od zawsze przyzwyczajona do rycerskości.

Ma suo marito e suo fratello ora la trattavano con impazienza.

Jednak jej mąż i brat zaczęli ją niecierpliwie traktować.

Aveva l'abitudine di comportarsi in modo impotente e loro cominciarono a lamentarsi.

Miała w zwyczaju zachowywać się bezradnie, więc zaczęli się skarżyć.

Offesa da ciò, rese loro la vita ancora più difficile.

Obrażona tym, jeszcze bardziej utrudniła im życie.

Ignorò i cani e insistette per guidare lei stessa la slitta.

Zignorowała psy i upierała się, że sama pojedzie na saniach.

Sebbene sembrasse esile, pesava centoventi libbre (circa quaranta chili).

Choć wyglądała na drobną, ważyła sto dwadzieścia funtów.

Quel peso aggiuntivo era troppo per i cani affamati e deboli.

Ten dodatkowy ciężar był zbyt duży dla wygłodniałych i słabych psów.

Nonostante ciò, continuò a cavalcare per giorni, finché i cani non crollarono nelle redini.

Mimo to jechała jeszcze przez wiele dni, aż psy opadły z sił.

La slitta si fermò e Charles e Hal la implorarono di proseguire a piedi.

Sanie stały w miejscu, a Charles i Hal błagali ją, żeby poszła pieszo.

Loro la implorarono e la scongiurarono, ma lei pianse e li definì crudeli.

Błagali i prosili, ale ona płakała i nazywała ich okrutnymi.

In un'occasione, la tirarono giù dalla slitta con pura forza e rabbia.

Pewnego razu ściągnęli ją z sań siłą i złością.

Dopo quello che accadde quella volta non ci riprovarono più.

Po tym, co się wydarzyło, nigdy więcej nie próbowali.

Si accasciò come una bambina viziata e si sedette nella neve.

Zwiotczała jak rozpieszczone dziecko i usiadła na śniegu.

Continuarono a muoversi, ma lei si rifiutò di alzarsi o di seguirli.

Poszli dalej, ale ona nie chciała wstać ani pójść za nią.

Dopo tre miglia si fermarono, tornarono indietro e la riportarono indietro.

Po trzech milach zatrzymali się, zawrócili i zanieśli ją z powrotem.

La ricaricarono sulla slitta, usando ancora una volta la forza bruta.

Ponownie załadowali ją na sanie, znów używając brutalnej siły.

Nella loro profonda miseria, erano insensibili alla sofferenza dei cani.

W swej głębokiej rozpaczy nie tolerowali cierpienia psów.

Hal credeva che fosse necessario indurirsi e impose questa convinzione agli altri.

Hal uważał, że trzeba się zahartować i narzucał to przekonanie innym.

Inizialmente ha cercato di predicare la sua filosofia a sua sorella

Najpierw próbował przekazać swoją filozofię siostrze

e poi, senza successo, predicò al cognato.

a potem, bez powodzenia, wygłosił kazanie swemu szwagrowi.

Ebbe più successo con i cani, ma solo perché li ferì.

Odnosił większe sukcesy z psami, ale tylko dlatego, że robił im krzywdę.

Da Five Fingers, il cibo per cani è rimasto completamente vuoto.

W Five Fingers całkowicie zabrakło karmy dla psów.

Una vecchia squaw sdentata vendette qualche chilo di pelle di cavallo congelata

Bezzębna stara kobieta sprzedała kilka funtów zamrożonej skóry końskiej

Hal scambiò la sua pistola con la pelle di cavallo secca.

Hal wymienił swój rewolwer na wysuszoną skórę końską.

La carne proveniva dai cavalli affamati di allevatori di bovini, morti mesi prima.

Mięso pochodziło od wygłodzonych koni hodowców bydła wiele miesięcy wcześniej.

Congelata, la pelle era come ferro zincato: dura e immangiabile.

Zamrożona skóra przypominała ocynkowane żelazo; była twarda i niejadalna.

Per riuscire a mangiarla, i cani dovevano masticare la pelle senza sosta.

Psy musiały bez końca gryźć skórę, żeby ją zjeść.

Ma le corde coriacee e i peli corti non erano certo un nutrimento.

Jednakże sztywne sznurki i krótkie włosy nie stanowiły żadnego pożywienia.

La maggior parte della pelle era irritante e non era cibo in senso stretto.

Większość skóry była drażniąca i nie nadawała się do jedzenia w prawdziwym tego słowa znaczeniu.

E nonostante tutto, Buck barcollava davanti a tutti, come in un incubo.

A przez cały ten czas Buck zataczał się na czele, jak w koszmarze.

Quando poteva, tirava; quando non poteva, restava lì finché non veniva sollevato dalla frusta o dal bastone.

Gdy mógł, ciągnął; gdy nie mógł, leżał, dopóki nie podniósł go bat lub pałka.

Il suo pelo fine e lucido aveva perso tutta la rigidità e la lucentezza di un tempo.

Jego piękna, błyszcząca sierść straciła całą sztywność i połysk, jakie miała kiedyś.

I suoi capelli erano flosci, spettinati e pieni di sangue rappreso a causa dei colpi.

Jego włosy były oklapnięte, potargane i sklejone zaschniętą krwią od uderzeń.

I suoi muscoli si ridussero a midolli e i cuscinetti di carne erano tutti consumati.

Jego mięśnie skurczyły się do rozmiarów strun głosowych, a poduszki skórne uległy zniszczeniu.

Ogni costola, ogni osso erano chiaramente visibili attraverso le pieghe della pelle rugosa.

Każde żebro, każda kość były wyraźnie widoczne przez fałdy pomarszczonej skóry.

Fu straziante, ma il cuore di Buck non riuscì a spezzarsi.

To było rozdzierające serce, jednak serce Bucka nie mogło pęknąć.

L'uomo con il maglione rosso lo aveva testato e dimostrato molto tempo prima.

Mężczyzna w czerwonym swetrze sprawdził to i udowodnił to dawno temu.

Così come accadde a Buck, accadde anche a tutti i suoi compagni di squadra rimasti.

Podobnie było z Buckiem, tak też było ze wszystkimi jego pozostałymi kolegami z drużyny.

Ce n'erano sette in totale, ognuno uno scheletro ambulante di miseria.

Było ich w sumie siedem i każdy z nich był chodzącym szkieletem nieszczęścia.

Erano diventati insensibili alle fruste e sentivano solo un dolore distante.

Stali się nieczuli na chłostę, czuli jedynie odległy ból.

Anche la vista e i suoni li raggiungevano debolmente, come attraverso una fitta nebbia.

Nawet wzrok i słuch docierały do nich słabo, jakby przez gęstą mgłę.

Non erano mezzi vivi: erano ossa con deboli scintille al loro interno.

Nie były w połowie żywe – to były kości, w których środku tliły się słabe iskry.

Una volta fermati, crollarono come cadaveri, con le scintille quasi del tutto spente.

Gdy się zatrzymali, upadli jak trupy, a ich iskry niemal zgasły.

E quando la frusta o il bastone colpivano di nuovo, le scintille sfarfallavano debolmente.

A gdy bicz lub maczuga uderzyły ponownie, iskry trzepotały słabo.

Poi si alzarono, barcollarono in avanti e trascinarono le loro membra in avanti.

Następnie podnieśli się, zatoczyli do przodu i pociągnęli kończyny do przodu.

Un giorno il gentile Billee cadde e non riuscì più a rialzarsi.

Pewnego dnia miły Billee upadł i nie mógł już się podnieść.

Hal aveva scambiato la sua pistola con quella di Billee, così decise di ucciderla con un'ascia.

Hal oddał swój rewolwer, więc zabił Billee'ego siekierą.

Lo colpì alla testa, poi gli tagliò il corpo e lo trascinò via.

Uderzył go w głowę, po czym uwolnił ciało i odciągnął.

Buck se ne accorse, e così fecero anche gli altri: sapevano che la morte era vicina.

Buck to zobaczył, podobnie jak pozostali. Wiedzieli, że śmierć jest bliska.

Il giorno dopo Koona se ne andò, lasciando solo cinque cani nel gruppo affamato.

Następnego dnia Koona odszedł, pozostawiając w wygłodzonej grupie tylko pięć psów.

Joe, non più cattivo, era ormai troppo fuori di sé per rendersi conto di nulla.

Joe nie był już taki zły, był już tak daleko posunięty, że nie był świadomy niczego.

Pike, ormai non fingeva più di essere ferito, era appena cosciente.

Pike nie udawał już urazu i był ledwie przytomny.

Solleks, ancora fedele, si rammaricava di non avere più la forza di dare.

Solleks, nadal wierny, żałował, że nie ma siły, by dawać.

Teek fu battuto più di tutti perché era più fresco, ma stava calando rapidamente.

Teek został pobity najbardziej, bo był bardziej wypoczęty, ale szybko słabł.

E Buck, ancora in testa, non mantenne più l'ordine né lo fece rispettare.

A Buck, wciąż na czele, nie utrzymywał już porządku i nie egzekwował go.

Mezzo accecato dalla debolezza, Buck seguì la pista solo a tentoni.

Półślepy i osłabiony Buck podążał szlakiem, kierując się wyłącznie wyczuciem.

Era una bellissima primavera, ma nessuno di loro se ne accorse.

Pogoda była piękna, wiosenna, ale nikt tego nie zauważył.

Ogni giorno il sole sorgeva prima e tramontava più tardi.

Każdego dnia słońce wschodziło wcześniej i zachodziło później niż poprzednio.

Alle tre del mattino era già spuntata l'alba; il crepuscolo durò fino alle nove.

O trzeciej nad ranem nastał świt, zmierzch trwał do dziewiątej.

Le lunghe giornate erano illuminate dal sole primaverile.

Długie dni wypełnione były pełnym blaskiem wiosennego słońca.

Il silenzio spettrale dell'inverno si era trasformato in un caldo mormorio.

Upiorna cisza zimy zmieniła się w ciepły pomruk.

Tutta la terra si stava svegliando, animata dalla gioia degli esseri viventi.

Cała kraina budziła się, tętniąc radością życia.

Il suono proveniva da ciò che era rimasto morto e immobile per tutto l'inverno.

Dźwięk dochodził z tego, co leżało martwe i nieruchome przez całą zimę.

Ora quelle cose si mossero di nuovo, scrollandosi di dosso il lungo sonno del gelo.

Teraz te rzeczy znów się poruszyły, otrząsając się z długiego, mroźnego snu.

La linfa saliva attraverso i tronchi scuri dei pini in attesa.

Sok unosił się z ciemnych pni oczekujących sosen.

Salici e pioppi tremuli fanno sbocciare giovani gemme luminose su ogni ramoscello.

Na każdej gałązce wierzby i osiki pojawiają się jasne, młode pąki.

Arbusti e viti si tingono di un verde fresco mentre il bosco si anima.

Krzewy i winorośle pokryły się świeżą zielenią, a las ożył.

Di notte i grilli cantavano e di giorno gli insetti strisciavano nella luce del sole.

W nocy cykały świerszcze, a w dziennym słońcu przechadzały się owady.

Le pernici gridavano e i picchi picchiavano in profondità tra gli alberi.

Kuropatwy brzęczały, a dzięcioły pukały głęboko w drzewa.

Gli scoiattoli chiacchieravano, gli uccelli cantavano e le oche starnazzavano per richiamare l'attenzione dei cani.

Wiewiórki szczebiotały, ptaki śpiewały, a gęsi gęgały nad psami.

Gli uccelli selvatici arrivavano a cunei affilati, volando in alto da sud.

Dzikie ptactwo nadlatywało z południa w ostrych grupach.

Da ogni pendio giungeva la musica di ruscelli nascosti e impetuosi.

Z każdego zbocza wzgórza dobiegała muzyka ukrytych, rwących strumieni.

Tutto si scongelava e si spezzava, si piegava e ricominciava a muoversi.

Wszystko rozmroziło się, pękło, wygięło i znów zaczęło się poruszać.

Lo Yukon si sforzò di spezzare le fredde catene del ghiaccio ghiacciato.

Jukon z trudem przełamywał łańcuchy zimna zamarzniętego lodu.

Il ghiaccio si scioglieva sotto, mentre il sole lo scioglieva dall'alto.

Lód pod spodem topił się, a słońce topiło go od góry.

Si aprirono dei buchi, si allargarono delle crepe e dei pezzi caddero nel fiume.

Powstały otwory wentylacyjne, pęknięcia się rozprzestrzeniły, a kawałki ziemi spadły do rzeki.

In mezzo a tutta questa vita sfrenata e sfrenata, i viaggiatori barcollavano.

Pośród tego całego tętniącego i płonącego życia, podróżni zataczali się.

Due uomini, una donna e un branco di husky camminavano come morti.

Dwóch mężczyzn, kobieta i stado husky poruszali się jak zabici.

I cani cadevano, Mercedes piangeva, ma continuava a guidare la slitta.

Psy padały, Mercedes płakała, ale nadal jechała na saniach.

Hal imprecò debolmente e Charles sbatté le palpebre con gli occhi lacrimanti.

Hal zaklął słabo, a Charles zamrugał, mając załzawione oczy.

Si imbatterono nell'accampamento di John Thornton, nei pressi della foce del White River.

Natknęli się na obóz Johna Thorntona przy ujściu White River.

Quando si fermarono, i cani caddero a terra, come se fossero stati tutti colpiti a morte.

Gdy się zatrzymali, psy padły płasko, jakby wszystkie zostały śmiertelnie ranne.

Mercedes si asciugò le lacrime e guardò John Thornton.

Mercedes otarła łzy i spojrzała na Johna Thorntona.

Charles si sedette su un tronco, lentamente e rigidamente, dolorante per il sentiero.

Charles siedział powoli i sztywno na kłodzie, obolały po wędrówce.

Hal parlava mentre Thornton intagliava l'estremità del manico di un'ascia.

Hal mówił, podczas gdy Thornton rzeźbił koniec trzonka topora.

Tagliò il legno di betulla e rispose con frasi brevi e decise.

Strugał drewno brzozowe i odpowiadał krótko, lecz stanowczo.

Quando gli veniva chiesto, dava un consiglio, certo che non sarebbe stato seguito.

Gdy go o to poproszono, udzielił rady, będąc pewnym, że ta nie zostanie zastosowana.

Hal spiegò: "Ci avevano detto che il ghiaccio lungo la pista si stava staccando".

Hal wyjaśnił: „Powiedzieli nam, że lód na szlaku odpada".

"Ci avevano detto che dovevamo restare fermi, ma siamo arrivati a White River."

„Powiedzieli, że powinniśmy zostać, ale dotarliśmy do White River."

Concluse con un tono beffardo, come per cantare vittoria nelle difficoltà.

Zakończył szyderczym tonem, jakby chciał ogłosić zwycięstwo w trudnościach.

"E ti hanno detto la verità", rispose John Thornton a bassa voce ad Hal.

„I powiedzieli ci prawdę" – John Thornton odpowiedział Halowi cicho.

"Il ghiaccio potrebbe cedere da un momento all'altro: è pronto a staccarsi."

„Lód może runąć w każdej chwili — jest gotowy odpaść".

"Solo la fortuna cieca e gli sciocchi avrebbero potuto arrivare vivi fin qui."

„Tylko ślepy los i głupcy mogli przeżyć tak długą drogę".

"Te lo dico senza mezzi termini: non rischierei la vita per tutto l'oro dell'Alaska."

„Mówię szczerze, nie zaryzykowałbym życia za całe złoto Alaski".

"Immagino che tu non sia uno stupido", rispose Hal.

„Myślę, że to dlatego, że nie jesteś głupcem" – odpowiedział Hal.

"Comunque, andiamo avanti con Dawson." Srotolò la frusta.

„Tak czy inaczej, pójdziemy do Dawson." Rozwinął swój bicz.

"Sali, Buck! Ehi! Alzati! Forza!" urlò con voce roca.

„Wstawaj, Buck! Cześć! Wstawaj! No dalej!" krzyknął ostro.

Thornton continuò a intagliare, sapendo che gli sciocchi non volevano sentire ragioni.

Thornton kontynuował pracę, wiedząc, że głupcy nie usłuchają głosu rozsądku.

Fermare uno stupido era inutile, e due o tre stupidi non cambiavano nulla.

Zatrzymanie głupca było daremne — a dwóch lub trzech głupców niczego nie zmieniło.

Ma la squadra non si mosse al suono del comando di Hal.
Jednak drużyna nie ruszyła się na dźwięk rozkazu Hala.
Ormai solo i colpi potevano farli sollevare e avanzare.
Teraz już tylko ciosy mogły ich zmusić do podniesienia się i
ruszenia naprzód.
La frusta schioccava ripetutamente sui cani indeboliti.
Bat raz po raz smagał osłabione psy.
John Thornton strinse forte le labbra e osservò in silenzio.
John Thornton zacisnął mocno usta i obserwował w milczeniu.
Solleks fu il primo a rialzarsi sotto la frusta.
Solleks jako pierwszy podniósł się na nogi po uderzeniu
batem.
Poi Teek lo seguì, tremando. Joe urlò mentre barcollava.
Potem Teek podążył za nim, drżąc. Joe krzyknął, gdy się
potykał.
**Pike cercò di alzarsi, fallì due volte, poi alla fine si rialzò
barcollando.**
Pike próbował się podnieść, dwukrotnie mu się nie udało, po
czym w końcu stanął chwiejnie.
Ma Buck rimase lì dov'era caduto, senza muoversi affatto.
Natomiast Buck leżał tam, gdzie upadł i tym razem w ogóle
się nie ruszał.
La frusta lo colpì più volte, ma lui non emise alcun suono.
Bicz uderzał go raz po raz, ale nie wydawał żadnego dźwięku.
**Lui non sussultò né oppose resistenza, rimase
semplicemente immobile e in silenzio.**
Nie drgnął ani nie stawiał oporu, po prostu pozostał
nieruchomy i cichy.
**Thornton si mosse più di una volta, come per dire qualcosa,
ma non lo fece.**
Thornton poruszył się kilkakrotnie, jakby chciał coś
powiedzieć, ale tego nie zrobił.
**I suoi occhi si inumidirono, ma la frusta continuava a
schioccare contro Buck.**
Jego oczy zrobiły się wilgotne, a bat nadal trzaskał o Bucka.
**Alla fine Thornton cominciò a camminare lentamente,
incerto sul da farsi.**

W końcu Thornton zaczął powoli przechadzać się po pokoju, niepewny, co robić.

Era la prima volta che Buck falliva e Hal si infuriò.

To była pierwsza porażka Bucka i Hal wpadł we wściekłość.

Gettò via la frusta e prese al suo posto il pesante manganello.

Odrzucił bat i zamiast niego podniósł ciężki kij.

La mazza di legno colpì con violenza, ma Buck non si alzò per muoversi.

Drewniany kij uderzył mocno, ale Buck nadal nie podniósł się, by wykonać jakiś ruch.

Come i suoi compagni di squadra, era troppo debole, ma non solo.

Podobnie jak jego koledzy z drużyny, był zbyt słaby, ale to nie wszystko.

Buck aveva deciso di non muoversi, qualunque cosa accadesse.

Buck postanowił nie ruszać się, bez względu na to, co miało nastąpić.

Sentì qualcosa di oscuro e sicuro incombere proprio davanti a sé.

Wyczuł coś mrocznego i pewnego, co czaiło się tuż przed nim.

Quel terrore lo aveva colto non appena aveva raggiunto la riva del fiume.

Strach ogarnął go, gdy tylko dotarł do brzegu rzeki.

Quella sensazione non lo aveva abbandonato da quando aveva sentito il ghiaccio assottigliarsi sotto le zampe.

Uczucie to nie opuściło go, odkąd poczuł, że lód pod jego łapami staje się cienki.

Qualcosa di terribile lo stava aspettando: lo sentiva proprio lungo il sentiero.

Czekało na niego coś strasznego – wyczuł to tuż na szlaku.

Non avrebbe camminato verso quella cosa terribile davanti a lui

Nie miał zamiaru iść w kierunku tej strasznej rzeczy, która go czekała

Non avrebbe obbedito a nessun ordine che lo avrebbe condotto a quella cosa.

Nie miał zamiaru wykonywać żadnego polecenia, które doprowadziłoby go do tego miejsca.

Ormai il dolore dei colpi non lo sfiorava più: era troppo stanco.

Ból zadawanych ciosów już go prawie nie dotykał – był już w zbyt złym stanie.

La scintilla della vita tremolava lentamente, affievolita da ogni colpo crudele.

Iskra życia tliła się słabo, przygasała pod każdym okrutnym uderzeniem.

Gli arti gli sembravano distanti; tutto il corpo sembrava appartenere a un altro.

Jego kończyny wydawały się odległe; całe ciało zdawało się należeć do kogoś innego.

Sentì uno strano torpore mentre il dolore scompariva completamente.

Poczuł dziwne odrętwienie, a ból całkowicie ustąpił.

Da lontano, sentiva che lo stavano picchiando, ma non se ne rendeva conto.

Już z daleka wyczuwał, że jest bity, lecz nie zdawał sobie z tego sprawy.

Poteva udire debolmente i tonfi, ma ormai non gli facevano più male.

Słyszał słabe odgłosy, ale już nie sprawiały prawdziwego bólu.

I colpi andarono a segno, ma il suo corpo non sembrava più il suo.

Ciosy spadły, ale jego ciało nie przypominało już jego własnego.

Poi, all'improvviso, senza alcun preavviso, John Thornton lanciò un grido selvaggio.

Nagle, bez ostrzeżenia, John Thornton wydał dziki krzyk.

Era inarticolato, più il grido di una bestia che di un uomo.

Głos był niewyraźny, przypominał raczej krzyk zwierzęcia niż człowieka.

Si lanciò sull'uomo con la mazza e fece cadere Hal all'indietro.

Skoczył na mężczyznę z pałką i odrzucił Hala do tyłu.

Hal volò come se fosse stato colpito da un albero, atterrando pesantemente al suolo.

Hal poleciał, jakby uderzyło go drzewo, i twardo wylądował na ziemi.

Mercedes urlò a gran voce in preda al panico e si portò le mani al viso.

Mercedes krzyknęła głośno w panice i złapała się za twarz.

Charles si limitò a guardare, si asciugò gli occhi e rimase seduto.

Charles tylko patrzył, otarł oczy i pozostał na miejscu.

Il suo corpo era troppo irrigidito dal dolore per alzarsi o contribuire alla lotta.

Jego ciało było zbyt sztywne z bólu, aby mógł wstać i wziąć udział w walce.

Thornton era in piedi davanti a Buck, tremante di rabbia, incapace di parlare.

Thornton stanął nad Buckiem, trzęsąc się ze złości i niezdolny wykrztusić słowa.

Tremava di rabbia e lottò per trovare la voce.

Trząsł się ze złości i walczył, żeby przebić się przez nią.

"Se colpisci ancora quel cane, ti uccido", disse infine.

„Jeśli jeszcze raz uderzysz tego psa, zabiję cię" – powiedział w końcu.

Hal si asciugò il sangue dalla bocca e tornò avanti.

Hal otarł krew z ust i ponownie wyszedł naprzód.

"È il mio cane", borbottò. "Togliti di mezzo o ti sistemo io."

„To mój pies" – mruknął. „Zejdź mi z drogi, albo cię naprawię".

"Vado da Dawson e tu non mi fermerai", ha aggiunto.

„Idę do Dawson i nie możesz mnie powstrzymać" – dodał.

Thornton si fermò tra Buck e il giovane arrabbiato.

Thornton stanął twardo między Buckiem a wściekłym młodym mężczyzną.

Non aveva alcuna intenzione di farsi da parte o di lasciar passare Hal.

Nie miał zamiaru ustąpić ani pozwolić Halowi przejść.

Hal tirò fuori il suo coltello da caccia, lungo e pericoloso nella sua mano.

Hal wyciągnął swój nóż myśliwski, długi i niebezpieczny w dłoni.

Mercedes urlò, poi pianse, poi rise in preda a un'isteria selvaggia.

Mercedes krzyknęła, rozpłakała się, a następnie roześmiała się histerycznie.

Thornton colpì la mano di Hal con il manico dell'ascia, con forza e rapidità.

Thornton uderzył Hala w rękę trzonkiem topora, mocno i szybko.

Il coltello si liberò dalla presa di Hal e volò a terra.

Nóż wypadł Halowi z ręki i upadł na ziemię.

Hal cercò di raccogliere il coltello, ma Thornton gli batté di nuovo le nocche.

Hal spróbował podnieść nóż, a Thornton ponownie uderzył go w knykcie.

Poi Thornton si chinò, afferrò il coltello e lo tenne fermo.

Wtedy Thornton pochylił się, chwycił nóż i trzymał go.

Con due rapidi colpi del manico dell'ascia, tagliò le redini di Buck.

Dwoma szybkimi cięciami trzonka topora przeciął wodze Bucka.

Hal non aveva più voglia di combattere e si allontanò dal cane.

Hal nie miał już sił do walki i odsunął się od psa.

Inoltre, ora Mercedes aveva bisogno di entrambe le braccia per restare in piedi.

Poza tym Mercedes potrzebowała teraz obu rąk, żeby utrzymać się w pozycji pionowej.

Buck era troppo vicino alla morte per poter nuovamente tirare la slitta.

Buck był już zbyt bliski śmierci, by nadawać się do ciągnięcia sań.

Pochi minuti dopo, ripartirono, dirigendosi verso il fiume.

Kilka minut później wypłynęli i skierowali się w dół rzeki.

Buck sollevò debolmente la testa e li guardò lasciare la banca.

Buck słabo podniósł głowę i patrzył, jak opuszczają bank.

Pike guidava la squadra, con Solleks dietro al volante.

Pike przewodził zespołowi, a Solleks jechał z tyłu, na pozycji koła.

Joe e Teek camminavano in mezzo, zoppicando entrambi per la stanchezza.

Joe i Teek szli pomiędzy nimi, obaj utykając ze zmęczenia.

Mercedes si sedette sulla slitta e Hal afferrò la lunga pertica.

Mercedes usiadła na saniach, a Hal chwycił długi drążek sterowniczy.

Charles barcollava dietro di lui, con passi goffi e incerti.

Charles potknął się i szedł za nim niezdarnie i niepewnie.

Thornton si inginocchiò accanto a Buck e tastò delicatamente per vedere se aveva ossa rotte.

Thornton uklęknął obok Bucka i delikatnie sprawdził, czy nie ma złamanych kości.

Le sue mani erano ruvide, ma si muovevano con gentilezza e cura.

Jego dłonie były szorstkie, ale poruszały się z życzliwością i troską.

Il corpo di Buck era pieno di lividi, ma non presentava lesioni permanenti.

Ciało Bucka było posiniaczone, jednak nie miało żadnych poważnych obrażeń.

Ciò che restava era una fame terribile e una debolezza quasi totale.

Pozostał okropny głód i niemal całkowite osłabienie.

Quando la situazione fu più chiara, la slitta era già andata molto a valle.

Kiedy wszystko stało się jasne, sanie były już daleko w dół rzeki.

L'uomo e il cane osservavano la slitta avanzare lentamente sul ghiaccio che si rompeva.

Mężczyzna i pies obserwowali, jak sanie powoli suną po pękającym lodzie.

Poi videro la slitta sprofondare in una cavità.

Potem zobaczyli, że sanie zapadły się w zagłębienie.

La pertica volò in alto, ma Hal vi si aggrappò ancora invano.

Słupek z wiatrem poleciał w górę, a Hal wciąż kurczowo się go trzymał, ale bezskutecznie.

L'urlo di Mercedes li raggiunse attraverso la fredda distanza.

Krzyk Mercedes dotarł do nich przez zimną dal.

Charles si voltò e fece un passo indietro, ma era troppo tardi.

Charles odwrócił się i cofnął, ale było już za późno.

Un'intera calotta di ghiaccio cedette e tutti precipitarono.

Cała pokrywa lodowa pękła i wszystkie wpadły do środka.

Cani, slitte e persone scomparvero nelle acque nere sottostanti.

Psy, sanie i ludzie zniknęli w czarnej wodzie poniżej.

Nel punto in cui erano passati era rimasto solo un largo buco nel ghiaccio.

W miejscu, gdzie przejechali, w lodzie pozostała tylko szeroka dziura.

Il fondo del sentiero era crollato, proprio come aveva previsto Thornton.

Dno szlaku zapadło się – dokładnie tak, jak ostrzegał Thornton.

Thornton e Buck si guardarono l'un l'altro, in silenzio per un momento.

Thornton i Buck spojrzeli po sobie i przez chwilę milczeli.

"Povero diavolo", disse Thornton dolcemente, e Buck gli leccò la mano.

„Biedaku" – powiedział cicho Thornton, a Buck polizał go po ręce.

Per amore di un uomo
Z miłości do mężczyzny

John Thornton si congelò i piedi per il freddo del dicembre precedente.
John Thornton zamarzł w grudniu z powodu zimna.
I suoi compagni lo fecero sentire a suo agio e lo lasciarono guarire da solo.
Jego partnerzy zapewnili mu wygodę i pozostawili, aby sam doszedł do siebie.
Risalirono il fiume per raccogliere una zattera di tronchi da sega per Dawson.
Popłynęli w górę rzeki, aby zebrać tratwę pełną kłód drewna dla Dawsona.
Zoppicava ancora leggermente quando salvò Buck dalla morte.
Kiedy uratował Bucka przed śmiercią, wciąż lekko utykał.
Ma con il persistere del caldo, anche quella zoppia è scomparsa.
Ale wraz z utrzymującą się ciepłą pogodą, nawet to utykanie zniknęło.
Sdraiato sulla riva del fiume durante le lunghe giornate primaverili, Buck si riposò.
Buck odpoczywał, leżąc nad brzegiem rzeki podczas długich wiosennych dni.
Osservava l'acqua che scorreva e ascoltava gli uccelli e gli insetti.
Przyglądał się płynącej wodzie i słuchał ptaków i owadów.
Lentamente Buck riacquistò le forze sotto il sole e il cielo.
Buck powoli odzyskiwał siły pod słońcem i niebem.
Dopo aver viaggiato tremila miglia, riposarsi è stato meraviglioso.
Odpoczynek po przebyciu trzech tysięcy mil był wspaniały.
Buck diventò pigro man mano che le sue ferite guarivano e il suo corpo si riempiva.
Buck stał się leniwy, ponieważ jego rany się goiły, a ciało nabierało objętości.

I suoi muscoli si rassodarono e la carne tornò a ricoprire le sue ossa.

Jego mięśnie stały się jędrniejsze, a kości znów pokryły się skórą.

Stavano tutti riposando: Buck, Thornton, Skeet e Nig.

Wszyscy odpoczywali — Buck, Thornton, Skeet i Nig.

Aspettarono la zattera che li avrebbe portati a Dawson.

Czekali na tratwę, która miała ich zawieźć do Dawson.

Skeet era un piccolo setter irlandese che fece amicizia con Buck.

Skeet był małym irlandzkim seterem, który zaprzyjaźnił się z Buckiem.

Buck era troppo debole e malato per resisterle al loro primo incontro.

Buck był zbyt słaby i chory, aby stawić jej opór podczas ich pierwszego spotkania.

Skeet aveva la caratteristica di guaritore che alcuni cani possiedono per natura.

Skeet miał naturalną cechę uzdrowiciela, którą posiadają niektóre psy.

Come una gatta, leccò e pulì le ferite aperte di Buck.

Jak matka kotka, lizała i oczyściła otwarte rany Bucka.

Ogni mattina, dopo colazione, ripeteva il suo attento lavoro.

Każdego ranka po śniadaniu powtarzała swoją skrupulatną pracę.

Buck finì per aspettarsi il suo aiuto tanto quanto quello di Thornton.

Buck spodziewał się jej pomocy tak samo, jak oczekiwał pomocy Thorntona.

Anche Nig era amichevole, ma meno aperto e meno affettuoso.

Nig również był przyjacielski, ale mniej otwarty i uczuciowy.

Nig era un grosso cane nero, in parte segugio e in parte levriero.

Nig był dużym, czarnym psem, mieszańcem charta i charta szkockiego.

Aveva occhi sorridenti e un'infinita bontà d'animo.

Miał śmiejące się oczy i nieskończoną dobroć ducha.

Con sorpresa di Buck, nessuno dei due cani mostrò gelosia nei suoi confronti.

Ku zaskoczeniu Bucka, żaden z psów nie okazał zazdrości.

Sia Skeet che Nig condividevano la gentilezza di John Thornton.

Zarówno Skeet, jak i Nig dzielili się życzliwością Johna Thorntona.

Man mano che Buck diventava più forte, lo attiravano in stupidi giochi da cani.

Kiedy Buck stawał się silniejszy, wciągali go w głupie, psie zabawy.

Anche Thornton giocava spesso con loro, incapace di resistere alla loro gioia.

Thornton również często się z nimi bawił, nie potrafiąc oprzeć się ich radości.

In questo modo giocoso, Buck passò dalla malattia a una nuova vita.

W ten zabawny sposób Buck przeszedł od choroby do nowego życia.

L'amore, quello vero, ardente e passionale, era finalmente suo.

Miłość — prawdziwa, płomienna i namiętna — w końcu była jego.

Non aveva mai conosciuto questo tipo di amore nella tenuta di Miller.

Nigdy nie zaznał takiej miłości w posiadłości Millera.

Con i figli del giudice aveva condiviso lavoro e avventure.

Razem z synami sędziego dzielił pracę i przygody.

Nei nipoti notò un orgoglio rigido e vanitoso.

U wnuków widział sztywną i dumną osobę.

Con lo stesso giudice Miller aveva un rapporto di rispettosa amicizia.

Z samym sędzią Millerem łączył go pełen szacunku przyjacielski stosunek.

Ma l'amore che era fuoco, follia e adorazione era ciò che accadeva con Thornton.

Ale miłość, która była ogniem, szaleństwem i uwielbieniem, przyszła wraz z Thorntonem.

Quest'uomo aveva salvato la vita di Buck, e questo di per sé significava molto.

Ten człowiek uratował życie Buckowi, a to już samo w sobie wiele znaczyło.

Ma più di questo, John Thornton era il tipo ideale di maestro.

Ale co ważniejsze, John Thornton był idealnym mistrzem.

Altri uomini si prendevano cura dei cani per dovere o per necessità lavorative.

Inni mężczyźni opiekowali się psami z powodów służbowych lub zawodowych.

John Thornton si prendeva cura dei suoi cani come se fossero figli.

John Thornton dbał o swoje psy tak, jakby były jego dziećmi.

Si prendeva cura di loro perché li amava e semplicemente non poteva farne a meno.

Troszczył się o nich, ponieważ ich kochał i po prostu nie potrafił sobie pomóc.

John Thornton vide molto più lontano di quanto la maggior parte degli uomini riuscisse mai a vedere.

John Thornton widział dalej, niż większość ludzi kiedykolwiek zdołała dostrzec.

Non dimenticava mai di salutarli gentilmente o di pronunciare una parola di incoraggiamento.

Nigdy nie zapominał, by ich uprzejmie pozdrowić lub powiedzieć im kilka słów otuchy.

Amava sedersi con i cani per fare lunghe chiacchierate, o "gassy", come diceva lui.

Uwielbiał siadać z psami i prowadzić z nimi długie rozmowy, które, jak sam mówił, były „gazowe".

Gli piaceva afferrare bruscamente la testa di Buck tra le sue mani forti.

Lubił mocno chwytać głowę Bucka swoimi silnymi dłońmi.

Poi appoggiò la testa contro quella di Buck e lo scosse delicatamente.

Następnie oparł swoją głowę o głowę Bucka i delikatnie nim potrząsnął.

Nel frattempo, chiamava Buck con nomi volgari che per lui significavano affetto.

Przez cały czas wyzywał Bucka od niegrzecznych określeń, które miały mu oznaczać miłość do niego.

Per Buck, quell'abbraccio rude e quelle parole portarono una gioia profonda.

Dla Bucka ten brutalny uścisk i te słowa sprawiły głęboką radość.

A ogni movimento il suo cuore sembrava sussultare di felicità.

Zdawało się, że przy każdym ruchu jego serce drży ze szczęścia.

Quando poi balzò in piedi, la sua bocca sembrava ridere.

Kiedy później podniósł się, jego usta wyglądały, jakby się śmiały.

I suoi occhi brillavano intensamente e la sua gola tremava per una gioia inespressa.

Jego oczy błyszczały, a gardło drżało z niewypowiedzianej radości.

Il suo sorriso rimase immobile in quello stato di emozione e affetto ardente.

Jego uśmiech pozostał nieruchomy w tym stanie emocji i promiennego uczucia.

Allora Thornton esclamò pensieroso: "Dio! Riesce quasi a parlare!"

Wtedy Thornton zawołał z namysłem: „Boże! On prawie potrafi mówić!"

Buck aveva uno strano modo di esprimere l'amore che quasi gli causava dolore.

Buck miał dziwny sposób wyrażania miłości, który niemal sprawiał mu ból.

Spesso stringeva forte la mano di Thornton tra i denti.

Często mocno ściskał zębami dłoń Thorntona.

Il morso avrebbe lasciato segni profondi che sarebbero rimasti per qualche tempo.

Ugryzienie pozostawiło głębokie ślady, które miały pozostać
widoczne jeszcze przez jakiś czas.

**Buck credeva che quei giuramenti fossero amore, e Thornton
la pensava allo stesso modo.**

Buck uważał, że te przysięgi są wyrazem miłości, a Thornton
wiedział to samo.

**Il più delle volte, l'amore di Buck si manifestava in
un'adorazione silenziosa, quasi silenziosa.**

Najczęściej miłość Bucka wyrażała się w cichej, niemal
bezgłośnej adoracji.

**Sebbene fosse emozionato quando veniva toccato o gli si
parlava, non cercava attenzione.**

Choć był podekscytowany, gdy ktoś go dotykał lub do niego
mówił, nie szukał uwagi.

**Skeet spinse il naso sotto la mano di Thornton finché lui
non la accarezzò.**

Skeet szturchnęła jej nos pod dłoń Thorntona, aż ją pogłaskał.

**Nig si avvicinò silenziosamente e appoggiò la sua grande
testa sulle ginocchia di Thornton.**

Nig podszedł cicho i oparł swoją dużą głowę na kolanie
Thorntona.

**Buck, al contrario, si accontentava di amare da una rispettosa
distanza.**

Buck natomiast zadowalał się miłością okazywaną z szacunku
na odległość.

Rimase sdraiato per ore ai piedi di Thornton, vigile e attento.

Leżał godzinami u stóp Thorntona, czujny i uważnie
obserwujący.

**Buck studiò ogni dettaglio del volto del suo padrone,
perfino il più piccolo movimento.**

Buck przyjrzał się uważnie każdemu szczegółowi twarzy
swego pana i najmniejszemu jego ruchowi.

**Oppure sdraiati più lontano, studiando in silenzio la sagoma
dell'uomo.**

Albo leżał dalej, w milczeniu studiując sylwetkę mężczyzny.

**Buck osservava ogni piccolo movimento, ogni cambiamento
di postura o di gesto.**

Buck obserwował każdy najmniejszy ruch, każdą zmianę postawy czy gestu.

Questo legame era così potente che spesso catturava lo sguardo di Thornton.

To powiązanie było tak silne, że często przyciągało wzrok Thorntona.

Incontrò lo sguardo di Buck senza dire parole, e il suo amore traspariva chiaramente.

Spojrzał Buckowi w oczy bez słów, a miłość wyraźnie przez nie przebijała.

Per molto tempo dopo essere stato salvato, Buck non perse mai di vista Thornton.

Przez długi czas po uratowaniu Buck nie spuszczał Thorntona z oczu.

Ogni volta che Thornton usciva dalla tenda, Buck lo seguiva da vicino all'esterno.

Za każdym razem, gdy Thornton opuszczał namiot, Buck podążał za nim na zewnątrz.

Tutti i severi padroni delle Terre del Nord avevano fatto sì che Buck non riuscisse più a fidarsi.

Wszyscy surowi panowie w Północy sprawili, że Buck bał się zaufać.

Temeva che nessun uomo potesse restare suo padrone se non per un breve periodo.

Obawiał się, że żaden człowiek nie będzie w stanie pozostać jego panem dłużej niż przez krótki czas.

Temeva che John Thornton sarebbe scomparso come Perrault e François.

Obawiał się, że John Thornton zniknie, podobnie jak Perrault i François.

Anche di notte, la paura di perderlo tormentava il sonno agitato di Buck.

Nawet w nocy strach przed jego utratą nie dawał spokoju Buckowi.

Quando Buck si svegliò, si trascinò fuori al freddo e andò nella tenda.

Kiedy Buck się obudził, wyszedł na zimno i poszedł do namiotu.

Ascoltò attentamente il leggero suono del suo respiro interiore.

Uważnie nasłuchiwał cichego odgłosu oddechu w środku.

Nonostante il profondo amore di Buck per John Thornton, la natura selvaggia sopravvisse.

Pomimo głębokiej miłości Bucka do Johna Thorntona, dzicz pozostała przy życiu.

Quell'istinto primitivo, risvegliatosi nel Nord, non scomparve.

Ten pierwotny instynkt, ożywiony na Północy, nie zniknął.

L'amore portava devozione, lealtà e il caldo legame attorno al fuoco.

Miłość przyniosła oddanie, lojalność i ciepłą więź płynącą z ogniska domowego.

Ma Buck mantenne anche i suoi istinti selvaggi, acuti e sempre all'erta.

Ale Buck zachował także swoje dzikie instynkty, ostre i zawsze czujne.

Non era solo un animale domestico addomesticato proveniente dalle dolci terre della civiltà.

Nie był po prostu oswojonym zwierzęciem domowym z miękkich krain cywilizacji.

Buck era un essere selvaggio che si era seduto accanto al fuoco di Thornton.

Buck był dzikim stworzeniem, które przyszło usiąść przy ognisku Thorntona.

Sembrava un cane del Southland, ma in lui albergava la natura selvaggia.

Wyglądał jak pies z południa, ale żyła w nim dzikość.

Il suo amore per Thornton era troppo grande per permettersi un furto da parte di quell'uomo.

Jego miłość do Thorntona była zbyt wielka, aby pozwolić na kradzież tego człowieka.

Ma in qualsiasi altro campo ruberebbe con audacia e senza esitazione.

Ale w każdym innym obozie kradłby śmiało i bez
zastanowienia.

**Era così abile nel rubare che nessuno riusciva a catturarlo o
accusarlo.**

Był tak sprytny w kradzieżach, że nikt nie mógł go złapać ani
oskarżyć.

**Il suo viso e il suo corpo erano coperti di cicatrici dovute a
molti combattimenti passati.**

Jego twarz i ciało pokrywały blizny będące pozostałością po
licznych walkach.

**Buck continuava a combattere con ferocia, ma ora lo faceva
con maggiore astuzia.**

Buck nadal walczył zaciekle, ale tym razem wykazał się
większą przebiegłością.

**Skeet e Nig erano troppo docili per combattere, ed erano di
Thornton.**

Skeet i Nig byli zbyt łagodni, by walczyć, i należeli do
Thorntona.

**Ma qualsiasi cane estraneo, non importa quanto forte o
coraggioso, cedeva.**

Ale każdy obcy pies, bez względu na to jak silny czy
odważny, ustępował.

**Altrimenti, il cane si ritrovò a combattere contro Buck,
lottando per la propria vita.**

W przeciwnym razie pies musiał walczyć z Buckiem; walczyć
o swoje życie.

**Buck non ebbe pietà quando decise di combattere contro un
altro cane.**

Buck nie miał litości, gdy zdecydował się walczyć z innym
psem.

**Aveva imparato bene la legge del bastone e della zanna nel
Nord.**

W Northlandzie dobrze poznał prawo pałki i kła.

**Non ha mai rinunciato a un vantaggio e non si è mai tirato
indietro dalla battaglia.**

Nigdy nie oddawał przewagi i nigdy nie wycofywał się z
walki.

Aveva studiato Spitz e i cani più feroci della polizia e della posta.

Studiował szpice i najgroźniejsze psy pocztowe i policyjne.

Sapeva chiaramente che non esisteva via di mezzo in un combattimento selvaggio.

Wiedział wyraźnie, że w zaciekłej walce nie ma miejsca na nic pośredniego.

Doveva governare o essere governato; mostrare misericordia significava mostrare debolezza.

Albo ktoś rządzi, albo jest rządzony; okazanie miłosierdzia oznaczało okazanie słabości.

La pietà era sconosciuta nel mondo crudo e brutale della sopravvivenza.

Miłosierdzie było nieznane w surowym i brutalnym świecie przetrwania.

Mostrare pietà era visto come un atto di paura, e la paura conduceva rapidamente alla morte.

Okazywanie miłosierdzia było postrzegane jako strach, a strach szybko prowadził do śmierci.

La vecchia legge era semplice: uccidere o essere uccisi, mangiare o essere mangiati.

Stare prawo było proste: zabij albo zostaniesz zabity, zjedz albo zostaniesz zjedzony.

Quella legge proveniva dalle profondità del tempo e Buck la seguì alla lettera.

Prawo to zrodziło się w odległej przeszłości i Buck postępował zgodnie z nim w pełni.

Buck era più vecchio dei suoi anni e del numero dei suoi respiri.

Buck był starszy, niż wskazywałby na to jego wiek i liczba oddechów, które wziął.

Collegava in modo chiaro il passato remoto con il momento presente.

Wyraźnie powiązał starożytną przeszłość z teraźniejszością.

I ritmi profondi dei secoli si muovevano attraverso di lui come le maree.

Głębokie rytmy wieków przenikały go niczym przypływy i odpływy.

Il tempo pulsava nel suo sangue con la stessa sicurezza con cui le stagioni muovevano la terra.

Czas pulsował w jego krwi tak samo, jak pory roku poruszają ziemią.

Sedeva accanto al fuoco di Thornton, con il petto forte e le zanne bianche.

Siedział przy ognisku Thorntona, miał mocną klatkę piersiową i białe kły.

La sua lunga pelliccia ondeggiava, ma dietro di lui lo osservavano gli spiriti dei cani selvatici.

Jego długie futro powiewało, ale za jego plecami obserwowały go duchy dzikich psów.

Lupi mezzi e lupi veri si agitavano nel suo cuore e nei suoi sensi.

Półwilki i pełne wilki poruszyły się w jego sercu i zmysłach.

Assaggiarono la sua carne e bevvero la stessa acqua che bevve lui.

Spróbowali jego mięsa i wypili tę samą wodę co on.

Annusarono il vento insieme a lui e ascoltarono la foresta.

Węszyli razem z nim podmuchy wiatru i słuchali lasu.

Sussurravano il significato dei suoni selvaggi nell'oscurità.

Szeptali znaczenie dzikich dźwięków w ciemności.

Modellavano il suo umore e guidavano ciascuna delle sue reazioni silenziose.

Kształtowały jego nastroje i kierowały każdą z jego cichych reakcji.

Giacevano accanto a lui mentre dormiva e diventavano parte dei suoi sogni profondi.

Towarzyszyły mu, gdy spał i stały się częścią jego najgłębszych snów.

Sognavano con lui, oltre lui, e costituivano il suo stesso spirito.

Śnili razem z nim, poza nim, i stanowili jego samego ducha.

Gli spiriti della natura selvaggia chiamavano con tanta forza che Buck si sentì attratto.

Duchy przyrody wołały tak głośno, że Buck poczuł się przyciągnięty.

Ogni giorno che passava, l'umanità e le sue rivendicazioni si indebolivano nel cuore di Buck.

Z każdym dniem ludzkość i jej roszczenia słabły w sercu Bucka.

Nel profondo della foresta si stava per udire un richiamo strano ed emozionante.

Głęboko w lesie miało rozlegać się dziwne i ekscytujące wołanie.

Ogni volta che sentiva la chiamata, Buck provava un impulso a cui non riusciva a resistere.

Za każdym razem, gdy słyszał wołanie, Buck odczuwał potrzebę, której nie potrafił się oprzeć.

Avrebbe voltato le spalle al fuoco e ai sentieri battuti dagli uomini.

Zamierzał odwrócić się od ognia i utartych ludzkich ścieżek.

Stava per addentrarsi nella foresta, avanzando senza sapere il perché.

Zamierzał rzucić się w las, idąc naprzód, nie wiedząc dlaczego.

Non mise in discussione questa attrazione, perché la chiamata era profonda e potente.

Nie kwestionował tego przyciągania, ponieważ zew był głęboki i potężny.

Spesso raggiungeva l'ombra verde e la terra morbida e intatta

Często docierał do zielonego cienia i miękkiej, nietkniętej ziemi

Ma poi il forte amore per John Thornton lo riportò al fuoco.

Ale wielka miłość do Johna Thorntona znów wciągnęła go w ogień.

Soltanto John Thornton riuscì davvero a tenere stretto il cuore selvaggio di Buck.

Tylko John Thornton naprawdę potrafił zapanować nad dzikim sercem Bucka.

Per Buck il resto dell'umanità non aveva alcun valore o significato duraturo.

Reszta ludzkości nie miała dla Bucka żadnej trwałej wartości ani znaczenia.

Gli sconosciuti potrebbero lodarlo o accarezzargli la pelliccia con mani amichevoli.

Obcy mogą go chwalić lub głaskać po futrze przyjaznymi dłońmi.

Buck rimase impassibile e se ne andò per eccesso di affetto.

Buck pozostał niewzruszony i odszedł, będąc pod wpływem zbytniej czułości.

Hans e Pete arrivarono con la zattera che era stata attesa a lungo

Hans i Pete przybyli tratwą, na którą długo czekali

Buck li ignorò finché non venne a sapere che erano vicini a Thornton.

Buck ignorował ich, dopóki nie dowiedział się, że są blisko Thorntona.

Da allora in poi li tollerò, ma non dimostrò mai loro tutto il suo calore.

Potem tolerował ich, ale nigdy nie okazywał im pełnego ciepła.

Accettava da loro cibo o gentilezza come se volesse fare loro un favore.

Przyjmował od nich jedzenie i okazywał życzliwość, jakby robił im przysługę.

Erano come Thornton: semplici, onesti e lucidi nei pensieri.

Byli jak Thornton – prości, uczciwi i jasno myślący.

Tutti insieme viaggiarono verso la segheria di Dawson e il grande vortice

Wszyscy razem udali się do tartaku Dawsona i wielkiego wiru

Nel corso del loro viaggio impararono a comprendere profondamente la natura di Buck.

Podczas podróży nauczyli się dogłębnie rozumieć naturę Bucka.

Non cercarono di avvicinarsi come avevano fatto Skeet e Nig.

Nie próbowali się do siebie zbliżyć, jak to zrobili Skeet i Nig.

Ma l'amore di Buck per John Thornton non fece che aumentare con il tempo.

Ale miłość Bucka do Johna Thorntona z czasem tylko się pogłębiała.

Solo Thornton poteva mettere uno zaino sulla schiena di Buck durante l'estate.

Tylko Thornton potrafił umieścić plecak na grzbiecie Bucka latem.

Buck era disposto a eseguire senza riserve qualsiasi ordine impartito da Thornton.

Buck był gotów wykonać każde polecenie Thorntona.

Un giorno, dopo aver lasciato Dawson per le sorgenti del Tanana,

Pewnego dnia, po opuszczeniu Dawson i udaniu się do źródeł rzeki Tanana,

il gruppo era seduto su una rupe che scendeva per un metro fino a raggiungere la nuda roccia.

grupa siedziała na klifie, który opadał metr w dół, aż do nagiej skały.

John Thornton si sedette vicino al bordo e Buck si riposò accanto a lui.

John Thornton siedział blisko krawędzi, a Buck odpoczywał obok niego.

Thornton ebbe un'idea improvvisa e richiamò l'attenzione degli uomini.

Thorntonowi przyszła nagła myśl i zwrócił uwagę mężczyzn.

Indicò l'altro lato del baratro e diede a Buck un unico comando.

Wskazał na przepaść i wydał Buckowi jedno polecenie.

"Salta, Buck!" disse, allungando il braccio oltre il precipizio.

„Skacz, Buck!" powiedział, wyciągając rękę nad przepaścią.

Un attimo dopo dovette afferrare Buck, che stava saltando per obbedire.

W pewnej chwili musiał złapać Bucka, który rzucił się, by wykonać jego polecenie.

Hans e Pete si precipitarono in avanti e tirarono entrambi indietro per metterli in salvo.

Hans i Pete rzucili się do przodu i odciągnęli ich obu w bezpieczne miejsce.

Dopo che tutto fu finito e che ebbero ripreso fiato, Pete prese la parola.

Gdy wszystko dobiegło końca i zdążyli złapać oddech, Pete przemówił.

«È un amore straordinario», disse, scosso dalla feroce devozione del cane.

„Miłość jest niesamowita" – powiedział, wstrząśnięty wielkim oddaniem psa.

Thornton scosse la testa e rispose con calma e serietà.

Thornton pokręcił głową i odpowiedział ze spokojną powagą.

«No, l'amore è splendido», disse, «ma anche terribile».

„Nie, miłość jest wspaniała" – powiedział – „ale i straszna".

"A volte, devo ammetterlo, questo tipo di amore mi fa paura."

„Czasami, muszę przyznać, ten rodzaj miłości mnie przeraża."

Pete annuì e disse: "Mi dispiacerebbe tanto essere l'uomo che ti tocca".

Pete skinął głową i powiedział: „Nie chciałbym być mężczyzną, który cię dotyka".

Mentre parlava, guardava Buck con aria seria e piena di rispetto.

Mówiąc to patrzył na Bucka poważnie i z szacunkiem.

"Py Jingo!" esclamò Hans in fretta. "Neanch'io, no signore."

„Py Jingo!" powiedział szybko Hans. „Ja też nie, nie, sir."

Prima che finisse l'anno, i timori di Pete si avverarono a Circle City.

Zanim rok dobiegł końca, obawy Pete'a spełniły się w Circle City.

Un uomo crudele di nome Black Burton attaccò una rissa nel bar.

Okrutny mężczyzna o imieniu Black Burton wszczął bójkę w barze.

Era arrabbiato e cattivo, e si scagliava contro un novellino.
Był wściekły i złośliwy, atakował nowego nowicjusza.
John Thornton intervenne, calmo e bonario come sempre.
John Thornton jak zwykle spokojny i życzliwy.
Buck giaceva in un angolo, con la testa bassa, e osservava Thornton attentamente.
Buck leżał w kącie, z głową spuszczoną w dół, uważnie obserwując Thorntona.
Burton colpì all'improvviso e il suo pugno fece girare Thornton.
Burton nagle uderzył, jego cios powalił Thorntona.
Solo la ringhiera della sbarra gli impedì di cadere violentemente a terra.
Tylko poręcz baru uchroniła go przed uderzeniem o ziemię.
Gli osservatori hanno sentito un suono che non era un abbaio o un guaito
Obserwatorzy usłyszeli dźwięk, który nie był szczekaniem ani piskiem
Buck emise un profondo ruggito mentre si lanciava verso l'uomo.
Buck wydał z siebie głęboki ryk i rzucił się w stronę mężczyzny.
Burton alzò il braccio e per poco non si salvò la vita.
Burton podniósł rękę i cudem uratował sobie życie.
Buck si schiantò contro di lui, facendolo cadere a terra.
Buck wpadł na niego i powalił go na podłogę.
Buck gli diede un morso profondo al braccio, poi si lanciò alla gola.
Buck wbił się głęboko w ramię mężczyzny i rzucił się na jego gardło.
Burton riuscì a parare solo in parte e il suo collo fu squarciato.
Burtonowi udało się zablokować tylko częściowo, w wyniku czego doszło do rozcięcia szyi.
Gli uomini si precipitarono dentro, brandendo i manganelli e allontanarono Buck dall'uomo sanguinante.

Mężczyźni rzucili się do akcji, podnieśli pałki i zepchnęli Bucka z krwawiącego mężczyzny.

Un chirurgo ha lavorato rapidamente per impedire che il sangue fuoriuscisse.

Chirurg szybko zatamował odpływ krwi.

Buck camminava avanti e indietro ringhiando, tentando di attaccare ancora e ancora.

Buck chodził tam i z powrotem, warcząc, próbując raz po raz atakować.

Soltanto i bastoni oscillanti gli impedirono di raggiungere Burton.

Tylko machnięcia kijami uniemożliwiły mu dotarcie do Burtona.

Proprio lì, sul posto, venne convocata una riunione dei minatori.

Zwołano zebranie górników i odbyło się ono na miejscu.

Concordarono sul fatto che Buck era stato provocato e votarono per liberarlo.

Zgodzili się, że Buck został sprowokowany i zagłosowali za jego uwolnieniem.

Ma il nome feroce di Buck risuonava ormai in ogni accampamento dell'Alaska.

Ale groźne imię Bucka rozbrzmiewało teraz w każdym obozie na Alasce.

Più tardi, quello stesso autunno, Buck salvò Thornton di nuovo in un modo nuovo.

Później tej jesieni Buck uratował Thorntona ponownie, ale w nowy sposób.

I tre uomini stavano guidando una lunga barca lungo delle rapide impetuose.

Trzej mężczyźni prowadzili długą łódź przez rwące bystrza.

Thornton manovrava la barca, gridando indicazioni per raggiungere la riva.

Thornton kierował łodzią i wykrzykiwał wskazówki, jak dotrzeć do brzegu.

Hans e Pete correvano sulla terraferma, tenendo una corda da un albero all'altro.

Hans i Pete biegali po lądzie, trzymając się liny rozpiętej między drzewami.

Buck procedeva a passo d'uomo sulla riva, tenendo sempre d'occhio il suo padrone.

Buck biegł wzdłuż brzegu, cały czas obserwując swego pana.

In un punto pericoloso, delle rocce sporgevano dall'acqua veloce.

W jednym paskudnym miejscu spod rwącej wody wystawały skały.

Hans lasciò andare la cima e Thornton tirò la barca verso la larghezza.

Hans puścił linę, a Thornton skierował łódź szeroko.

Hans corse a percorrerla di nuovo, superando le pericolose rocce.

Hans pobiegł, aby dogonić łódź, mijając niebezpieczne skały.

La barca superò la sporgenza ma trovò una corrente più forte.

Łódź odbiła od krawędzi, ale uderzyła w silniejszy nurt.

Hans afferrò la cima troppo velocemente e fece perdere l'equilibrio alla barca.

Hans chwycił linę zbyt szybko i łódź straciła równowagę.

La barca si capovolse e sbatté contro la riva, con la parte inferiore rivolta verso l'alto.

Łódź przewróciła się i uderzyła dnem w brzeg.

Thornton venne scaraventato fuori e trascinato nella parte più selvaggia dell'acqua.

Thorntona wyrzucono i porwała w najdzikszą część wody.

Nessun nuotatore sarebbe sopravvissuto in quelle acque pericolose e pericolose.

Żaden pływak nie przeżyłby w tych śmiercionośnych, rwących wodach.

Buck si lanciò all'istante e inseguì il suo padrone lungo il fiume.

Buck natychmiast wskoczył do wody i pobiegł za swoim panem w dół rzeki.

Dopo trecento metri finalmente raggiunse Thornton.

Po trzystu jardach dotarł w końcu do Thorntona.

Thornton afferrò la coda di Buck, e Buck si diresse verso la riva.

Thornton złapał Bucka za ogon, a Buck odwrócił się w stronę brzegu.

Nuotò con tutte le sue forze, lottando contro la forte resistenza dell'acqua.

Płynął z całych sił, zmagając się z gwałtownym oporem wody.

Si spostarono verso valle più velocemente di quanto riuscissero a raggiungere la riva.

Przemieszczali się w dół rzeki szybciej, niż mogli dotrzeć do brzegu.

Più avanti, il fiume ruggiva più forte, precipitando in rapide mortali.

Rzeka przed nami ryczała głośniej, wpadając w śmiercionośne bystrza.

Le rocce fendevano l'acqua come i denti di un enorme pettine.

Skały przecinały wodę niczym zęby ogromnego grzebienia.

La forza di attrazione dell'acqua nei pressi del dislivello era selvaggia e ineluttabile.

Siła przyciągania wody w pobliżu spadku była ogromna i nieunikniona.

Thornton sapeva che non sarebbero mai riusciti a raggiungere la riva in tempo.

Thornton wiedział, że nie dotrą na czas do brzegu.

Raschiò una roccia, ne sbatté una seconda,

Przesunął się po jednym kamieniu, roztrzaskał drugi,

Poi si schiantò contro una terza roccia, afferrandola con entrambe le mani.

A potem uderzył w trzecią skałę, chwytając ją obiema rękami.

Lasciò andare Buck e urlò sopra il ruggito: "Vai, Buck! Vai!"

Puścił Bucka i krzyknął ponad rykiem: „Dalej, Buck! Dawaj!"

Buck non riuscì a restare a galla e fu trascinato dalla corrente.

Buck nie zdołał utrzymać się na powierzchni i został pochłonięty przez prąd.

Lottò con tutte le sue forze, cercando di girarsi, ma non fece alcun progresso.

Walczył z całych sił, usiłując się odwrócić, lecz nie zrobił żadnych postępów.

Poi sentì Thornton ripetere il comando sopra il fragore del fiume.

Wtedy usłyszał Thorntona powtarzającego rozkaz, przekrzykując szum rzeki.

Buck si impennò fuori dall'acqua e sollevò la testa come per dare un'ultima occhiata.

Buck wynurzył się z wody i podniósł głowę, jakby chciał rzucić ostatnie spojrzenie.

poi si voltò e obbedì, nuotando verso la riva con risolutezza.

po czym odwrócił się i posłuchał, płynąc zdecydowanie w stronę brzegu.

Pete e Hans lo tirarono a riva all'ultimo momento possibile.

Pete i Hans wyciągnęli go na brzeg w ostatniej chwili.

Sapevano che Thornton avrebbe potuto aggrapparsi alla roccia solo per pochi minuti.

Wiedzieli, że Thornton wytrzyma kurczowo trzymanie się skały jeszcze przez kilka minut.

Corsero su per la riva fino a un punto molto più in alto rispetto al punto in cui lui era appeso.

Pobiegli na brzeg, aż do miejsca wysoko nad miejscem, gdzie wisiał.

Legarono con cura la cima della barca al collo e alle spalle di Buck.

Ostrożnie przywiązali linę do szyi i ramion Bucka.

La corda era stretta ma abbastanza larga da permettere di respirare e muoversi.

Lina była ciasna, ale jednocześnie wystarczająco luźna, aby umożliwić oddychanie i poruszanie się.

Poi lo gettarono di nuovo nel fiume impetuoso e mortale.

Następnie wrzucili go ponownie do rwącej, śmiercionośnej rzeki.

Buck nuotò coraggiosamente ma non riuscì a prendere l'angolazione giusta per affrontare la forza della corrente.

Buck płynął śmiało, ale nie trafił pod właściwy kąt, wpadając w rwący nurt.

Si accorse troppo tardi che stava per superare Thornton.

Za późno zdał sobie sprawę, że za chwilę wyprzedzi Thorntona.

Hans tirò forte la corda, come se Buck fosse una barca che si capovolge.

Hans szarpnął linę tak mocno, jakby Buck był wywracającą się łodzią.

La corrente lo trascinò sott'acqua e lui scomparve sotto la superficie.

Prąd pociągnął go pod wodę i zniknął.

Il suo corpo colpì la riva prima che Hans e Pete lo tirassero fuori.

Jego ciało uderzyło w brzeg, zanim Hans i Pete go wyciągnęli.

Era mezzo annegato e gli tolsero l'acqua dal corpo.

Był na wpół utopiony, więc wylali z niego wodę.

Buck si alzò, barcollò e crollò di nuovo a terra.

Buck wstał, zachwiał się i znów padł na ziemię.

Poi udirono la voce di Thornton portata debolmente dal vento.

Wtedy usłyszeli słaby głos Thorntona niesiony przez wiatr.

Sebbene le parole non fossero chiare, sapevano che era vicino alla morte.

Chociaż słowa były niejasne, wiedzieli, że jest bliski śmierci.

Il suono della voce di Thornton colpì Buck come una scossa elettrica.

Dźwięk głosu Thorntona uderzył Bucka niczym szok elektryczny.

Saltò in piedi e corse su per la riva, tornando al punto di partenza.

Wyskoczył i pobiegł na brzeg, wracając do punktu wyjścia.

Legarono di nuovo la corda a Buck, e di nuovo lui entrò nel fiume.

Ponownie przywiązali linę do Bucka i ponownie wszedł do strumienia.

Questa volta nuotò direttamente e con decisione nell'acqua impetuosa.

Tym razem popłynął prosto i pewnie pod rwącą wodę.

Hans lasciò scorrere la corda con regolarità, mentre Pete impediva che si aggrovigliasse.

Hans stopniowo rozluźniał linę, a Pete pilnował, żeby się nie zaplątała.

Buck nuotò con forza finché non si trovò allineato appena sopra Thornton.

Buck płynął szybko, aż znalazł się tuż nad Thorntonem.

Poi si voltò e si lanciò verso di lui come un treno a tutta velocità.

Następnie odwrócił się i ruszył w dół, niczym rozpędzony pociąg.

Thornton lo vide arrivare, si preparò e gli abbracciò il collo.

Thornton dostrzegł go, wyprostował się i objął go ramionami za szyję.

Hans legò saldamente la corda attorno a un albero mentre entrambi venivano tirati sott'acqua.

Hans przywiązał linę mocno do drzewa i oboje zostali wciągnięci pod wodę.

Caddero sott'acqua, schiantandosi contro rocce e detriti del fiume.

Wpadli pod wodę, rozbijając się o skały i śmieci rzeczne.

Un attimo prima Buck era in cima e un attimo dopo Thornton si alzava ansimando.

W jednej chwili Buck był na górze, w drugiej Thornton podniósł się, łapiąc oddech.

Malconci e soffocati, si diressero verso la riva e si misero in salvo.

Pobici i zadławieni, skierowali się w stronę brzegu, gdzie znaleźli się w bezpiecznym miejscu.

Thornton riprese conoscenza mentre era sdraiato su un tronco alla deriva.

Thornton odzyskał przytomność, leżąc na dryfującym pniu.

Hans e Pete lavorarono duramente per riportarlo a respirare e a vivere.

Hans i Pete ciężko pracowali, aby przywrócić mu oddech i życie.

Il suo primo pensiero fu per Buck, che giaceva immobile e inerte.

Jego pierwszą myślą był Buck, który leżał nieruchomo i bezwładnie.

Nig ululò sul corpo di Buck e Skeet gli leccò delicatamente il viso.

Nig zawył nad ciałem Bucka, a Skeet delikatnie lizał go po twarzy.

Thornton, dolorante e contuso, esaminò Buck con mano attenta.

Thornton, obolały i posiniaczony, ostrożnie zbadał Bucka.

Ha trovato tre costole rotte, ma il cane non presentava ferite mortali.

Stwierdził u psa złamanie trzech żeber, ale nie stwierdzono u niego żadnych śmiertelnych ran.

"Questo è tutto", disse Thornton. "Ci accamperemo qui". E così fecero.

„To załatwia sprawę" – powiedział Thornton. „Rozbijamy tu obóz". I tak zrobili.

Rimasero lì finché le costole di Buck non guarirono e lui poté di nuovo camminare.

Zostali tam, aż żebra Bucka się zagoiły i mógł znowu chodzić.

Quell'inverno Buck compì un'impresa che accrebbe ulteriormente la sua fama.

Zimą Buck dokonał wyczynu, który jeszcze bardziej przyniósł mu sławę.

Fu un gesto meno eroico del salvataggio di Thornton, ma altrettanto impressionante.

Było to mniej bohaterskie niż uratowanie Thorntona, ale równie imponujące.

A Dawson, i soci avevano bisogno di provviste per un viaggio lontano.

W Dawson partnerzy potrzebowali zapasów na daleką podróż.

Volevano viaggiare verso est, in terre selvagge e incontaminate.

Chcieli podróżować na wschód, ku dziewiczym krainom.

Quel viaggio fu possibile grazie all'impresa compiuta da Buck nell'Eldorado Saloon.

Wyczyn Bucka w Eldorado Saloon umożliwił tę podróż.

Tutto cominciò con degli uomini che si vantavano dei loro cani bevendo qualcosa.

Wszystko zaczęło się od mężczyzn, którzy przy drinku chwalili się swoimi psami.

La fama di Buck lo rese bersaglio di sfide e dubbi.

Sława Bucka sprawiła, że stał się obiektem wyzwań i wątpliwości.

Thornton, fiero e calmo, rimase fermo nel difendere il nome di Buck.

Thornton, dumny i spokojny, stanął twardo w obronie imienia Bucka.

Un uomo ha affermato che il suo cane riusciva a trainare facilmente duecentocinquanta chili.

Pewien mężczyzna stwierdził, że jego pies z łatwością potrafi uciągnąć pięćset funtów.

Un altro disse seicento, e un terzo si vantò di settecento.

Inny chwalił się, że jest ich sześćset, a trzeci, że siedemset.

"Pfft!" disse John Thornton, "Buck può trainare una slitta da mille libbre."

„Pfft!" powiedział John Thornton, „Buck potrafi ciągnąć sanie ważące tysiąc funtów".

Matthewson, un Bonanza King, si sporse in avanti e lo sfidò.

Matthewson, członek Bonanza King, pochylił się do przodu i rzucił mu wyzwanie.

"Pensi che possa spostare tutto quel peso?"

„Myślisz, że on może wprawić w ruch aż taki ciężar?"

"E pensi che riesca a sollevare il peso per cento metri?"

„I myślisz, że da radę przeciągnąć ciężar na całe sto jardów?"

Thornton rispose freddamente: "Sì. Buck è abbastanza cane da farlo."

Thornton odpowiedział chłodno: „Tak. Buck jest
wystarczająco psi, żeby to zrobić".

"Metterà in moto mille libbre e la tirerà per cento metri."

„Wprawi w ruch tysiąc funtów i pociągnie sto jardów".

**Matthewson sorrise lentamente e si assicurò che tutti gli
uomini udissero le sue parole.**

Matthewson uśmiechnął się powoli i upewnił się, że wszyscy
mężczyźni usłyszeli jego słowa.

"Ho mille dollari che dicono che non può. Eccoli."

„Mam tysiąc dolarów, które mówią, że nie może. Oto one."

**Sbatté sul bancone un sacco di polvere d'oro grande quanto
una salsiccia.**

Rzucił na bar worek wielkości kiełbasy wypełniony złotym
pyłem.

**Nessuno disse una parola. Il silenzio si fece pesante e teso
intorno a loro.**

Nikt nie powiedział ani słowa. Cisza wokół nich stała się
ciężka i napięta.

Il bluff di Thornton, se mai lo fu, era stato preso sul serio.

Blef Thorntona — o ile można go było nazwać blefem — został
potraktowany poważnie.

**Sentì il calore salirgli al viso mentre il sangue gli affluiva
alle guance.**

Poczuł, jak twarz mu się czerwieni, a policzki napływają mu
do oczu.

In quel momento la sua lingua aveva preceduto la ragione.

W tym momencie jego język wziął górę nad rozumem.

**Non sapeva davvero se Buck sarebbe riuscito a spostare
mille libbre.**

Naprawdę nie wiedział, czy Buck będzie w stanie
przetransportować tysiąc funtów.

**Mezza tonnellata! Solo la sua mole gli faceva sentire il cuore
pesante.**

Pół tony! Już sam rozmiar sprawił, że jego serce zrobiło się
ciężkie.

Aveva fiducia nella forza di Buck e lo riteneva capace.

Wierzył w siłę Bucka i wierzył, że jest do tego zdolny.

Ma non aveva mai affrontato una sfida di questo tipo, non in questo modo.

Ale nigdy wcześniej nie stanął przed takim wyzwaniem, nie w taki sposób.

Una dozzina di uomini lo osservavano in silenzio, in attesa di vedere cosa avrebbe fatto.

Kilkunastu mężczyzn obserwowało go w milczeniu, czekając na to, co zrobi.

Lui non aveva i soldi, e nemmeno Hans e Pete.

Nie miał pieniędzy, podobnie jak Hans i Pete.

"Ho una slitta fuori", disse Matthewson in modo freddo e diretto.

„Mam sanki na zewnątrz" – powiedział Matthewson chłodno i bezpośrednio.

"È carico di venti sacchi, da cinquanta libbre ciascuno, tutti di farina.

„Jest tam dwadzieścia worków, każdy po pięćdziesiąt funtów, wszystkie wypełnione mąką.

Quindi non lasciare che la scomparsa della slitta diventi la tua scusa", ha aggiunto.

Więc nie pozwól, żeby zgubione sanki stały się teraz twoją wymówką" – dodał.

Thornton rimase in silenzio. Non sapeva che parole dire.

Thornton stał w milczeniu. Nie wiedział, jakie słowa zaproponować.

Guardò i volti intorno a sé senza vederli chiaramente.

Rozejrzał się po twarzach, ale nie widział ich wyraźnie.

Sembrava un uomo immerso nei suoi pensieri, che cercava di ripartire.

Wyglądał jak człowiek zamrożony w myślach, próbujący zacząć od nowa.

Poi incontrò Jim O'Brien, un amico dei tempi dei Mastodon.

Potem zobaczył Jima O'Briena, przyjaciela z czasów Mastodona.

Quel volto familiare gli diede un coraggio che non sapeva di avere.

Ta znajoma twarz dodała mu odwagi, o której istnieniu nie
miał pojęcia.

Si voltò e chiese a bassa voce: "Puoi prestarmi mille dollari?"

Odwrócił się i zapytał cichym głosem: „Czy możesz pożyczyć
mi tysiąc?"

**"Certo", disse O'Brien, lasciando cadere un pesante sacco
vicino all'oro.**

„Jasne" – powiedział O'Brien, upuszczając już ciężki worek
obok złota.

**"Ma sinceramente, John, non credo che la bestia possa fare
questo."**

„Ale szczerze mówiąc, John, nie wierzę, że bestia jest w stanie
to zrobić".

**Tutti quelli presenti all'Eldorado Saloon si precipitarono
fuori per assistere all'evento.**

Wszyscy obecni w Eldorado Saloon wybiegli na zewnątrz,
żeby zobaczyć wydarzenie.

**Lasciarono tavoli e bevande e perfino le partite furono
sospese.**

Zostawili stoły i napoje, a nawet gry zostały przerwane.

**Croupier e giocatori accorsero per assistere alla conclusione
di questa audace scommessa.**

Krupierzy i hazardziści przybyli, aby być świadkami końca
śmiałego zakładu.

**Centinaia di persone si radunarono attorno alla slitta sulla
strada ghiacciata.**

Setki osób zebrały się wokół sań na oblodzonej ulicy.

**La slitta di Matthewson era carica di un carico completo di
sacchi di farina.**

Sanie Matthewsona były załadowane workami z mąką.

**La slitta era rimasta ferma per ore a temperature sotto lo
zero.**

Sanie stały przez wiele godzin w ujemnych temperaturach.

**I pattini della slitta erano congelati e incollati alla neve
compatta.**

Płozy sań były przymarznięte do ubitego śniegu.

Gli uomini scommettevano due a uno che Buck non sarebbe riuscito a spostare la slitta.

Mężczyźni dawali dwa do jednego szansy, że Buck nie zdoła ruszyć sań.

Scoppiò una disputa su cosa significasse realmente "break out".

Wybuchł spór o to, co tak naprawdę oznacza „break out".

O'Brien ha affermato che Thornton dovrebbe allentare la base ghiacciata della slitta.

O'Brien powiedział, że Thornton powinien poluzować zamarzniętą podstawę sań.

Buck potrebbe quindi "rompere" una partenza solida e immobile.

Buck mógł wtedy „wyrwać się" z solidnego, nieruchomego startu.

Matthewson sosteneva che anche il cane doveva liberare i corridori.

Matthewson argumentował, że pies musi uwolnić również biegaczy.

Gli uomini che avevano sentito la scommessa concordavano con Matthewson.

Mężczyźni, którzy słyszeli o zakładzie, zgodzili się z poglądem Matthewsona.

Con questa sentenza, le probabilità contro Buck salirono a tre a uno.

Po tym orzeczeniu szanse Bucka wzrosły do trzech do jednego.

Nessuno si fece avanti per accettare le crescenti quote di tre a uno.

Nikt nie wystąpił, by zniwelować rosnący stosunek szans trzech do jednego.

Nessuno credeva che Buck potesse compiere la grande impresa.

Nikt nie wierzył, że Buck będzie w stanie dokonać tak wielkiego wyczynu.

Thornton era stato spinto a scommettere, pieno di dubbi.

Thornton został wciągnięty w zakład pełen wątpliwości.

Ora guardava la slitta e la muta di dieci cani accanto ad essa.

Teraz spojrzał na sanie i jadący obok nich zaprzęg złożony z dziesięciu psów.

Vedere la realtà del compito lo faceva sembrare ancora più impossibile.

Realność zadania sprawiła, że wydało się ono jeszcze bardziej niemożliwe do wykonania.

In quel momento Matthewson era pieno di orgoglio e sicurezza.

W tym momencie Matthewson był pełen dumy i pewności siebie.

"Tre a uno!" urlò. "Ne scommetto altri mille, Thornton!

„Trzy do jednego!" krzyknął. „Założę się o kolejny tysiąc, Thornton!

"Cosa dici?" aggiunse, abbastanza forte da farsi sentire da tutti.

Co mówisz?" – dodał wystarczająco głośno, aby wszyscy mogli go usłyszeć.

Il volto di Thornton esprimeva i suoi dubbi, ma il suo spirito era sollevato.

Na twarzy Thorntona malowały się wątpliwości, lecz jego duch był silniejszy.

Quello spirito combattivo ignorava le avversità e non temeva nulla.

Ten duch walki ignorował przeciwności losu i nie bał się niczego.

Chiamò Hans e Pete perché portassero tutti i loro soldi al tavolo.

Zadzwonił do Hansa i Pete'a, żeby postawili wszystkie swoje pieniądze na stole.

Non gli era rimasto molto altro: solo duecento dollari in tutto.

Zostało im niewiele — łącznie tylko dwieście dolarów.

Questa piccola somma costituiva la loro intera fortuna nei momenti difficili.

Ta niewielka suma stanowiła ich cały majątek w trudnych czasach.

Ciononostante puntarono tutta la loro fortuna contro la scommessa di Matthewson.

Mimo to postawili cały majątek przeciwko zakładowi Matthewsona.

La muta composta da dieci cani venne sganciata e allontanata dalla slitta.

Zaprzęg złożony z dziesięciu psów został odczepiony i odsunął się od sań.

Buck venne messo alle redini, indossando la sua consueta imbracatura.

Bucka posadzili na lejcach i założyli mu znaną uprząż.

Aveva colto l'energia della folla e ne aveva percepito la tensione.

Wyczuł energię tłumu i napięcie.

In qualche modo sapeva che doveva fare qualcosa per John Thornton.

W jakiś sposób wiedział, że musi coś zrobić dla Johna Thorntona.

La gente mormorava ammirata di fronte alla figura fiera del cane.

Ludzie wyrażali podziw, widząc dumną sylwetkę psa.

Era magro e forte, senza un solo grammo di carne in più.

Był szczupły i silny, nie miał ani grama zbędnego ciała.

Il suo peso di centocinquanta chili era sinonimo di potenza e resistenza.

Jego masa całkowita, wynosząca sto pięćdziesiąt funtów, odzwierciedlała siłę i wytrzymałość.

Il mantello di Buck brillava come la seta, denso di salute e forza.

Sierść Bucka lśniła jak jedwab, gęsta od zdrowia i siły.

La pelliccia sul collo e sulle spalle sembrava sollevarsi e drizzarsi.

Sierść na jego szyi i ramionach zdawała się unosić i jeżyć.

La sua criniera si muoveva leggermente, ogni capello era animato dalla sua grande energia.

Jego grzywa lekko się poruszała, każdy włos był ożywiony jego ogromną energią.

Il suo petto ampio e le sue gambe forti si sposavano bene con la sua corporatura pesante e robusta.

Jego szeroka klatka piersiowa i silne nogi pasowały do jego ciężkiej, wytrzymałej sylwetki.

I muscoli si tesero sotto il cappotto, tesi e sodi come ferro legato.

Mięśnie napinały się pod jego płaszczem, napięte i sztywne niczym żelazne obręcze.

Gli uomini lo toccavano e giuravano che era fatto come una macchina d'acciaio.

Mężczyźni dotykali go i przysięgali, że jest zbudowany jak stalowa maszyna.

Le probabilità contro il grande cane sono scese leggermente a due a uno.

Szanse nieznacznie spadły do dwóch do jednego na niekorzyść wielkiego psa.

Un uomo dei banchi di Skookum si fece avanti balbettando.

Mężczyzna ze Skookum Benches ruszył naprzód, jąkając się.

"Bene, signore! Offro ottocento per lui... prima della prova, signore!"

„Dobrze, proszę pana! Oferuję za niego osiemset — przed testem, proszę pana!"

"Ottocento, così com'è adesso!" insistette l'uomo.

„Osiemset, tak jak stoi teraz!" – upierał się mężczyzna.

Thornton fece un passo avanti, sorrise e scosse la testa con calma.

Thornton zrobił krok naprzód, uśmiechnął się i spokojnie pokręcił głową.

Matthewson intervenne rapidamente con tono ammonitore e aggrottando la fronte.

Matthewson szybko zareagował, ostrzegawczo mówiąc:

"Devi allontanarti da lui", disse. "Dagli spazio."

„Musisz się od niego odsunąć" – powiedział. „Daj mu przestrzeń".

La folla tacque; solo i giocatori continuavano a offrire due a uno.

Tłum ucichł; tylko hazardziści oferowali dwa do jednego.

Tutti ammiravano la corporatura di Buck, ma il carico sembrava troppo pesante.

Wszyscy podziwiali sylwetkę Bucka, ale ładunek wydawał się zbyt duży.

Venti sacchi di farina, ciascuno del peso di cinquanta libbre, sembravano decisamente troppi.

Dwadzieścia worków mąki — każdy ważący pięćdziesiąt funtów — wydawało się o wiele za dużo.

Nessuno era disposto ad aprire la borsa e a rischiare i propri soldi.

Nikt nie chciał otwierać sakiewki i ryzykować pieniędzy.

Thornton si inginocchiò accanto a Buck e gli prese la testa tra entrambe le mani.

Thornton uklęknął obok Bucka i ujął jego głowę obiema dłońmi.

Premette la guancia contro quella di Buck e gli parlò all'orecchio.

Przycisnął policzek do policzka Bucka i zaczął mu mówić do ucha.

Non c'erano più né scossoni giocosi né insulti affettuosi sussurrati.

Teraz nie było już żartobliwego potrząsania ani szeptanych czułych obelg.

Mormorò solo dolcemente: "Quanto mi ami, Buck."

Wymamrotał tylko cicho: „Tak samo jak ty mnie kochasz, Buck".

Buck emise un gemito sommesso, trattenendo a stento la sua impazienza.

Buck wydał z siebie cichy jęk, ledwo powstrzymując swoją ekscytację.

Gli astanti osservavano con curiosità la tensione che aleggiava nell'aria.

Widzowie z ciekawością obserwowali, jak napięcie unosiło się w powietrzu.

Quel momento sembrava quasi irreale, qualcosa che trascendeva la ragione.

Ta chwila wydawała się prawie nierealna, jakby wykraczała poza granice rozsądku.

Quando Thornton si alzò, Buck gli prese delicatamente la mano tra le fauci.

Kiedy Thornton wstał, Buck delikatnie ujął jego dłoń w szczęki.

Premette con i denti, poi lasciò andare lentamente e delicatamente.

Nacisnął zębami, a potem powoli i delikatnie puścił.

Fu una risposta silenziosa d'amore, non detta, ma compresa.

Była to cicha odpowiedź miłości, niewypowiedziana, lecz zrozumiana.

Thornton si allontanò di molto dal cane e diede il segnale.

Thornton odsunął się od psa i dał mu sygnał.

"Ora, Buck", disse, e Buck rispose con calma concentrata.

„No, Buck" – powiedział, a Buck odpowiedział mu ze skupionym spokojem.

Buck tese le corde, poi le allentò di qualche centimetro.

Buck zacisnął sznurki, a potem poluzował je o kilka cali.

Questo era il metodo che aveva imparato; il suo modo per rompere la slitta.

To była metoda, której się nauczył; jego sposób na zepsucie sań.

"Caspita!" urlò Thornton, con voce acuta nel silenzio pesante.

„Ojej!" krzyknął Thornton ostrym głosem w ciężkiej ciszy.

Buck si girò verso destra e si lanciò con tutto il suo peso.

Buck obrócił się w prawo i rzucił się do przodu, wykorzystując cały swój ciężar.

Il gioco svanì e tutta la massa di Buck colpì le timonerie strette.

Luz zniknął, a cała masa Bucka uderzyła w napięte linki.

La slitta tremò e i pattini produssero un suono secco e scoppiettante.

Sanie zadrżały, a płozy wydały głośny trzask.

"Haw!" ordinò Thornton, cambiando di nuovo direzione a Buck.

„Haw!" – rozkazał Thornton, ponownie zmieniając kierunek Bucka.

Buck ripeté la mossa, questa volta tirando bruscamente verso sinistra.

Buck powtórzył ruch, tym razem skręcając ostro w lewo.

La slitta scricchiolava più forte, i pattini schioccavano e si spostavano.

Sanki trzaskały coraz głośniej, płozy pękały i przesuwały się.

Il pesante carico scivolò leggermente di lato sulla neve ghiacciata.

Ciężki ładunek lekko się przesuwał na boki po zamarzniętym śniegu.

La slitta si era liberata dalla presa del sentiero ghiacciato!

Sanki wyrwały się z uchwytu oblodzonej ścieżki!

Gli uomini trattennero il respiro, inconsapevoli di non stare nemmeno respirando.

Mężczyźni wstrzymywali oddech, nie zdając sobie sprawy, że nie oddychają.

"Ora, TIRA!" gridò Thornton nel silenzio glaciale.

„Teraz CIĄGNIJ!" Thornton krzyknął przez mroźną ciszę.

Il comando di Thornton risuonò netto, come lo schiocco di una frusta.

Rozkaz Thorntona zabrzmiał ostro, jak trzask bicza.

Buck si lanciò in avanti con un affondo violento e violento.

Buck rzucił się do przodu, wykonując gwałtowny i wstrząsający atak.

Tutto il suo corpo si irrigidì e si contrasse sotto l'enorme sforzo.

Całe jego ciało było napięte i zmarszczone, pod wpływem ogromnego obciążenia.

I muscoli si muovevano sotto la pelliccia come serpenti che prendevano vita.

Mięśnie napinały się pod jego futrem niczym ożywione węże.

Il suo grande petto era basso e la testa era protesa in avanti verso la slitta.

Jego wielka klatka piersiowa była nisko opuszczona, a głowa wyciągnięta do przodu w kierunku sań.

Le sue zampe si muovevano come fulmini e gli artigli fendevano il terreno ghiacciato.

Jego łapy poruszały się błyskawicznie, pazury przecinały zamarzniętą ziemię.

I solchi erano profondi mentre lottava per ogni centimetro di trazione.

Walcząc o każdy centymetr przyczepności, pozostawił sobie głębokie koleiny.

La slitta ondeggiò, tremò e cominciò a muoversi lentamente e in modo inquieto.

Sanie zakołysały się, zadrżały i zaczęły poruszać się powoli i niespokojnie.

Un piede scivolò e un uomo tra la folla gemette ad alta voce.

Jedna noga się poślizgnęła i jakiś mężczyzna w tłumie jęknął głośno.

Poi la slitta si lanciò in avanti con un movimento brusco e a scatti.

Następnie sanie ruszyły do przodu szarpniętym, gwałtownym ruchem.

Non si fermò più: mezzo pollice...un pollice...cinque pollici in più.

Nie zatrzymało się już – jeszcze pół cala, cal, dwa cale.

Gli scossoni si fecero più lievi man mano che la slitta cominciava ad acquistare velocità.

Szarpnięcia stawały się coraz słabsze, w miarę jak sanie nabierały prędkości.

Presto Buck cominciò a tirare con una potenza fluida e uniforme.

Wkrótce Buck ciągnął już płynnie i równomiernie.

Gli uomini sussultarono e finalmente si ricordarono di respirare di nuovo.

Mężczyźni z trudem łapali oddech i w końcu przypomnieli sobie, że muszą oddychać.

Non si erano accorti che il loro respiro si era fermato per lo stupore.

Nie zauważyli, że ze zdumienia zaparło im dech w piersiach.

Thornton gli corse dietro, gridando comandi brevi e allegri.

Thornton pobiegł za nim, wydając krótkie, wesołe polecenia.

Davanti a noi c'era una catasta di legna da ardere che segnava la distanza.

Przed nami znajdował się stos drewna na opał, który wyznaczał odległość.

Mentre Buck si avvicinava al mucchio, gli applausi diventavano sempre più forti.

W miarę jak Buck zbliżał się do stosu, wiwaty stawały się coraz głośniejsze.

Gli applausi crebbero fino a diventare un boato quando Buck superò il traguardo.

Okrzyki radości przerodziły się w ryk, gdy Buck minął punkt końcowy.

Gli uomini saltarono e gridarono, perfino Matthewson sorrise.

Mężczyźni podskoczyli i krzyczeli, nawet Matthewson się uśmiechnął.

I cappelli volavano in aria e i guanti venivano lanciati senza pensarci o mirare.

Kapelusze wzbiły się w powietrze, rękawice poleciały bez zastanowienia i celu.

Gli uomini si afferrarono e si strinsero la mano senza sapere chi.

Mężczyźni chwytali się za ręce i ściskali sobie dłonie, nie wiedząc kto.

Tutta la folla era in delirio, in un tripudio di gioia e di entusiasmo.

Cały tłum szalał z radości i entuzjazmu.

Thornton cadde in ginocchio accanto a Buck con le mani tremanti.

Thornton padł na kolana obok Bucka, drżącymi rękami.

Premette la testa contro quella di Buck e lo scosse delicatamente avanti e indietro.

Przycisnął głowę do głowy Bucka i delikatnie potrząsnął nim w przód i w tył.

Chi si avvicinava lo sentiva maledire il cane con amore silenzioso.

Ci, którzy się zbliżyli, usłyszeli, jak przeklinał psa z cichą miłością.

Imprecò a lungo contro Buck, con dolcezza, calore, emozione.

Przeklinał Bucka przez długi czas — cicho, serdecznie, z emocjami.

"Bene, signore! Bene, signore!" esclamò di corsa il re della panchina di Skookum.

„Dobrze, panie! Dobrze, panie!" krzyknął pośpiesznie król ławy Skookum.

"Le darò mille, anzi milleduecento, per quel cane, signore!"

„Dam panu tysiąc — nie, tysiąc dwieście — za tego psa, panie!"

Thornton si alzò lentamente in piedi, con gli occhi brillanti di emozione.

Thornton powoli podniósł się, a jego oczy błyszczały emocją.

Le lacrime gli rigavano le guance senza alcuna vergogna.

Łzy spływały mu po policzkach bez żadnego wstydu.

"Signore", disse al re della panchina di Skookum, con fermezza e fermezza

„Panie" – powiedział do króla ławy Skookum, stanowczo i stanowczo

"No, signore. Può andare all'inferno, signore. Questa è la mia risposta definitiva."

„Nie, proszę pana. Może pan iść do diabła, proszę pana. To moja ostateczna odpowiedź".

Buck afferrò delicatamente la mano di Thornton tra le sue forti mascelle.

Buck delikatnie chwycił dłoń Thorntona swoimi silnymi szczękami.

Thornton lo scosse scherzosamente; il loro legame era più profondo che mai.

Thornton potrząsnął nim żartobliwie. Ich więź była głęboka jak zawsze.

La folla, commossa dal momento, fece un passo indietro in silenzio.

Tłum, poruszony chwilą, cofnął się w milczeniu.

Da quel momento in poi nessuno osò più interrompere un affetto così sacro.

Od tamtej pory nikt nie odważył się przerwać tej świętej miłości.

Il suono della chiamata
Dźwięk wezwania

Buck aveva guadagnato milleseicento dollari in cinque minuti.
Buck zarobił tysiąc szesnaścieset dolarów w pięć minut.
Il denaro permise a John Thornton di saldare alcuni dei suoi debiti.
Dzięki tym pieniądzom John Thornton mógł spłacić część swoich długów.
Con il resto del denaro si diresse verso est insieme ai suoi soci.
Za resztę pieniędzy udał się ze swoimi wspólnikami na Wschód.
Cercarono una leggendaria miniera perduta, antica quanto il paese stesso.
Szukali legendarnej, zaginionej kopalni, tak starej jak sam kraj.
Molti uomini avevano cercato la miniera, ma pochi l'avevano trovata.
Wielu mężczyzn szukało kopalni, lecz niewielu ją znalazło.
Molti uomini erano scomparsi durante la pericolosa ricerca.
Podczas tej niebezpiecznej wyprawy zniknęło wielu mężczyzn.
Questa miniera perduta era avvolta nel mistero e nella vecchia tragedia.
Ta zaginiona kopalnia była owiana tajemnicą i dawną tragedią.
Nessuno sapeva chi fosse stato il primo uomo a scoprire la miniera.
Nikt nie wiedział, kto pierwszy odkrył kopalnię.
Le storie più antiche non menzionano nessuno per nome.
Najstarsze opowieści nie wymieniają nikogo po imieniu.
Lì c'era sempre stata una vecchia capanna fatiscente.
Zawsze stała tam stara, rozpadająca się chata.
I moribondi avevano giurato che vicino a quella vecchia capanna ci fosse una miniera.

Umierający mężczyźni przysięgali, że obok starej chaty znajdowała się kopalnia.

Hanno dimostrato le loro storie con un oro che non ha eguali altrove.

Udowodnili swoje opowieści złotem, jakiego nie znaleziono nigdzie indziej.

Nessuna anima viva aveva mai saccheggiato il tesoro da quel luogo.

Żadna żywa istota nigdy nie ukradła skarbu z tego miejsca.

I morti erano morti e i morti non raccontano storie.

Umarli byli martwi, a umarli nie opowiadają historii.

Così Thornton e i suoi amici si diressero verso Est.

Thornton i jego przyjaciele udali się więc na Wschód.

Si unirono a noi Pete e Hans, portando con sé Buck e sei cani robusti.

Dołączyli do nich Pete i Hans, zabierając ze sobą Bucka i sześć silnych psów.

Si avviarono lungo un sentiero sconosciuto dove altri avevano fallito.

Wyruszyli nieznanym szlakiem, na którym inni zawiedli.

Percorsero in slitta settanta miglia lungo il fiume Yukon ghiacciato.

Zjechali na sankach siedemdziesiąt mil w górę zamarzniętej rzeki Jukon.

Girarono a sinistra e seguirono il sentiero verso lo Stewart.

Skręcili w lewo i podążyli szlakiem do Stewart.

Superarono il Mayo e il McQuestion e proseguirono oltre.

Minęli Mayo i McQuestion i poszli dalej.

Lo Stewart si restringeva fino a diventare un ruscello, infilandosi tra cime frastagliate.

Rzeka Stewart zamieniła się w strumień, wijący się wśród poszarpanych szczytów.

Queste vette aguzze rappresentavano la spina dorsale del continente.

Te ostre szczyty stanowiły trzon kontynentu.

John Thornton pretendeva poco dagli uomini e dalla terra selvaggia.

John Thornton nie wymagał wiele od ludzi i dzikiej przyrody.

Non temeva nulla della natura e affrontava la natura selvaggia con disinvoltura.

Nie bał się niczego w przyrodzie i z łatwością stawiał czoła dzikiej przyrodzie.

Con solo del sale e un fucile poteva viaggiare dove voleva.

Mając jedynie sól i karabin, mógł podróżować, dokąd chciał.

Come gli indigeni, durante il viaggio cacciava per procurarsi il cibo.

Podobnie jak tubylcy, polował w trakcie podróży, aby zdobyć pożywienie.

Se non prendeva nulla, continuava ad andare avanti, confidando nella fortuna che lo attendeva.

Jeżeli nic nie złowił, szedł dalej, licząc na szczęście.

Durante questo lungo viaggio, la carne era l'alimento principale di cui si nutrivano.

W czasie tej długiej podróży ich głównym pożywieniem było mięso.

La slitta trasportava attrezzi e munizioni, ma non c'era un orario preciso.

Na saniach znajdowały się narzędzia i amunicja, ale nie podano żadnego konkretnego rozkładu jazdy.

Buck amava questo vagabondare, la caccia e la pesca senza fine.

Buck uwielbiał te wędrówki, niekończące się polowania i łowienie ryb.

Per settimane viaggiarono senza sosta, giorno dopo giorno.

Przez tygodnie podróżowali dzień po dniu.

Altre volte si accampavano e restavano fermi per settimane.

Innym razem zakładali obozy i pozostawali w miejscu przez wiele tygodni.

I cani riposarono mentre gli uomini scavavano nel terreno ghiacciato.

Psy odpoczywały, podczas gdy mężczyźni kopali w zamarzniętej ziemi.

Scaldavano le padelle sul fuoco e cercavano l'oro nascosto.

Rozgrzewali patelnie nad ogniem i szukali ukrytego złota.

C'erano giorni in cui pativano la fame, altri in cui banchettavano.

Czasem głodowali, a czasem urządzali uczty.

Il loro pasto dipendeva dalla selvaggina e dalla fortuna della caccia.

Ich wyżywienie zależało od upolowanej zwierzyny i szczęścia podczas polowania.

Con l'arrivo dell'estate, uomini e cani caricavano carichi sulle spalle.

Kiedy nadeszło lato, mężczyźni i psy pakowali ładunki na plecy.

Fecero rafting sui laghi azzurri nascosti nelle foreste di montagna.

Spływali tratwami po błękitnych jeziorach ukrytych w górskich lasach.

Navigavano su imbarcazioni sottili su fiumi che nessun uomo aveva mai mappato.

Pływali smukłymi łódkami po rzekach, których żaden człowiek nigdy nie zmapował.

Quelle barche venivano costruite con gli alberi che avevano segato in natura.

Łodzie te budowano z drzew ściętych na wolności.

Passarono i mesi e loro viaggiarono attraverso terre selvagge e sconosciute.

Miesiące mijały, a oni przemierzali dzikie, nieznane krainy.

Non c'erano uomini lì, ma vecchie tracce lasciavano intendere che alcuni di loro fossero presenti.

Nie było tam żadnych mężczyzn, jednak stare ślady wskazywały, że byli tam kiedyś.

Se la Capanna Perduta fosse esistita davvero, allora altre persone in passato erano passate da lì.

Jeśli Zaginiona Chata istniała naprawdę, to znaczy, że inni też kiedyś tędy przechodzili.

Attraversavano passi alti durante le bufere di neve, anche d'estate.

Przemierzali wysokie przełęcze w czasie zamieci, nawet latem.

Rabbrividivano sotto il sole di mezzanotte sui pendii brulli delle montagne.
Trzęsli się z zimna pod północnym słońcem na nagich zboczach gór.
Tra il limite degli alberi e i campi di neve, salivano lentamente.
Powoli wspinali się między linią drzew a polami śnieżnymi.
Nelle valli calde, scacciavano nuvole di moscerini e mosche.
W ciepłych dolinach odganiali chmary meszek i much.
Raccolsero bacche dolci vicino ai ghiacciai nel pieno della fioritura estiva.
Zbierali słodkie jagody w pobliżu lodowców, w pełnym rozkwicie lata.
I fiori che trovarono erano belli quanto quelli del Southland.
Kwiaty, które znaleźli, były równie piękne jak te w Southland.
Quell'autunno giunsero in una regione solitaria piena di laghi silenziosi.
Jesienią dotarli do odludnego regionu pełnego cichych jezior.
La terra era triste e vuota, un tempo brulicava di uccelli e animali.
Kraj był smutny i pusty, kiedyś pełen ptaków i zwierząt.
Ora non c'era più vita, solo il vento e il ghiaccio che si formava nelle pozze.
Teraz nie było już żadnego życia, tylko wiatr i lód tworzący się w kałużach.
Le onde lambivano le rive deserte con un suono dolce e lugubre.
Fale uderzały o puste brzegi z cichym, żałobnym dźwiękiem.

Arrivò un altro inverno e loro seguirono di nuovo deboli e vecchi sentieri.
Nadeszła kolejna zima i znów podążali starymi, niewyraźnymi szlakami.
Erano le tracce di uomini che avevano cercato molto prima di loro.
To były ślady ludzi, którzy szukali tu na długo przed nimi.

Una volta trovarono un sentiero che si inoltrava nel profondo della foresta oscura.

Pewnego razu znaleźli ścieżkę prowadzącą głęboko w ciemny las.

Era un vecchio sentiero e sentivano che la baita perduta era vicina.

To był stary szlak i czuli, że zaginiona chata jest blisko.

Ma il sentiero non portava da nessuna parte e si perdeva nel fitto del bosco.

Ale trop nie prowadził donikąd i nikł w gęstym lesie.

Nessuno sapeva chi avesse tracciato il sentiero e perché lo avesse fatto.

Nikt nie wiedział, kto stworzył ten szlak i w jakim celu.

Più tardi trovarono i resti di una capanna nascosta tra gli alberi.

Później odnaleźli wrak domku letniskowego ukryty wśród drzew.

Coperte marce erano sparse dove un tempo qualcuno aveva dormito.

Gnijące koce leżały porozrzucane w miejscu, w którym ktoś kiedyś spał.

John Thornton trovò sepolto all'interno un fucile a pietra focaia a canna lunga.

John Thornton znalazł wewnątrz zakopany pistolet skałkowy o długiej lufie.

Sapeva fin dai primi tempi che si trattava di un cannone della Hudson Bay.

Wiedział, że to broń z Zatoki Hudsona, już od początków handlu.

A quei tempi, tali armi venivano barattate con pile di pelli di castoro.

W tamtych czasach taką broń wymieniano na stosy skór bobrowych.

Questo era tutto: non rimaneva alcuna traccia dell'uomo che aveva costruito la loggia.

To było wszystko — nie pozostał żaden ślad po człowieku, który zbudował ten ośrodek.

Arrivò di nuovo la primavera e non trovarono traccia della Capanna Perduta.

Wiosna nadeszła ponownie, a oni nie znaleźli żadnego śladu Zaginionej Chaty.

Invece trovarono un'ampia valle con un ruscello poco profondo.

Zamiast tego znaleźli szeroką dolinę z płytkim strumieniem.

L'oro si stendeva sul fondo della pentola come burro giallo e liscio.

Złoto rozłożyło się na dnie patelni niczym gładkie, żółte masło.

Si fermarono lì e non cercarono oltre la cabina.

Zatrzymali się tam i nie szukali już dalej chaty.

Ogni giorno lavoravano e ne trovavano migliaia di pezzi in polvere d'oro.

Każdego dnia pracowali i znajdowali tysiące złotych monet w pyle.

Confezionarono l'oro in sacchi di pelle di alce, da cinquanta libbre ciascuno.

Zapakowali złoto do worków ze skóry łosia, każdy po pięćdziesiąt funtów.

I sacchi erano accatastati come legna da ardere fuori dal loro piccolo rifugio.

Torby ułożono w stosy niczym drewno na opał przed ich małym domkiem.

Lavoravano come giganti e i giorni trascorrevano veloci come sogni.

Pracowali jak giganci, a dni mijały jak szybkie sny.

Accumularono tesori mentre gli infiniti giorni trascorrevano rapidamente.

Gromadzili skarby, a dni mijały szybko i bez końca.

I cani avevano ben poco da fare, se non trasportare la carne di tanto in tanto.

Psy nie miały praktycznie nic do roboty, poza od czasu do czasu dźwiganiem mięsa.

Thornton cacciò e uccise la selvaggina, mentre Buck si sdraiò accanto al fuoco.

Thornton upolował i zabił zwierzynę, a Buck położył się przy ogniu.

Trascorse lunghe ore in silenzio, perso nei pensieri e nei ricordi.

Spędzał długie godziny w milczeniu, pogrążony w myślach i wspomnieniach.

L'immagine dell'uomo peloso tornava sempre più spesso alla mente di Buck.

Obraz kudłatego mężczyzny coraz częściej pojawiał się w umyśle Bucka.

Ora che il lavoro scarseggiava, Buck sognava mentre sbatteva le palpebre verso il fuoco.

Teraz, gdy pracy było coraz mniej, Buck, mrugając oczami, oddawał się marzeniom.

In quei sogni, Buck vagava con l'uomo in un altro mondo.

W tych snach Buck wędrował z mężczyzną po innym świecie.

La paura sembrava il sentimento più forte in quel mondo lontano.

Strach zdawał się być najsilniejszym uczuciem w tym odległym świecie.

Buck vide l'uomo peloso dormire con la testa bassa.

Buck zobaczył, że kudłaty mężczyzna śpi z nisko pochyloną głową.

Aveva le mani giunte e il suo sonno era agitato e interrotto.

Miał splecione ręce, a sen był niespokojny i przerywany.

Si svegliava di soprassalto e fissava il buio con timore.

Zwykle budził się nagle i z przestrachem wpatrywał się w ciemność.

Poi aggiungeva altra legna al fuoco per mantenere viva la fiamma.

Następnie dorzucał drewna do ognia, żeby podtrzymać płomień.

A volte camminavano lungo una spiaggia in riva a un mare grigio e infinito.

Czasami spacerowali po plaży wzdłuż szarego, bezkresnego morza.

L'uomo peloso raccolse i frutti di mare e li mangiò mentre camminava.

Włochaty mężczyzna zbierał skorupiaki i jadł je po drodze.

I suoi occhi cercavano sempre pericoli nascosti nell'ombra.

Jego oczy zawsze wypatrywały ukrytych w cieniu niebezpieczeństw.

Le sue gambe erano sempre pronte a scattare al primo segno di minaccia.

Jego nogi były zawsze gotowe do sprintu przy pierwszym sygnale zagrożenia.

Avanzavano furtivamente nella foresta, silenziosi e cauti, uno accanto all'altro.

Przekradali się przez las, cicho i ostrożnie, ramię w ramię.

Buck lo seguì alle calcagna, ed entrambi rimasero all'erta.

Buck podążał za nim i obaj pozostali czujni.

Le loro orecchie si muovevano e si contraevano, i loro nasi fiutavano l'aria.

Ich uszy drgały i poruszały się, ich nosy węszyły powietrze.

L'uomo riusciva a sentire e ad annusare la foresta in modo altrettanto acuto quanto Buck.

Mężczyzna słyszał i czuł zapach lasu tak samo wyraźnie jak Buck.

L'uomo peloso si lanciò tra gli alberi a velocità improvvisa.

Włochaty mężczyzna z nagłą prędkością przemknął między drzewami.

Saltava da un ramo all'altro senza mai perdere la presa.

Skakał z gałęzi na gałąź, ani razu nie puszczając chwytu.

Si muoveva con la stessa rapidità con cui si muoveva sopra e sopra il terreno.

Poruszał się nad ziemią równie szybko, jak na niej.

Buck ricordava le lunghe notti passate sotto gli alberi a fare la guardia.

Buck wspominał długie noce spędzone pod drzewami i czuwanie.

L'uomo dormiva appollaiato sui rami, aggrappandosi forte.

Mężczyzna spał w gałęziach, kurczowo się ich trzymając.

Questa visione dell'uomo peloso era strettamente legata al richiamo profondo.

Wizja owłosionego mężczyzny była ściśle związana z głębokim nawoływaniem.

Il richiamo risuonava ancora nella foresta con una forza inquietante.

Głos wciąż rozbrzmiewał w lesie z niepokojącą siłą.

La chiamata riempì Buck di desiderio e di un inquieto senso di gioia.

Rozmowa ta napełniła Bucka tęsknotą i niespokojnym poczuciem radości.

Sentì strani impulsi e stimoli a cui non riusciva a dare un nome.

Poczuł dziwne impulsy i poruszenia, których nie potrafił nazwać.

A volte seguiva la chiamata inoltrandosi nel silenzio dei boschi.

Czasami podążał za wołaniem głęboko w cichy las.

Cercava il richiamo, abbaiando piano o bruscamente mentre camminava.

Szukał wołania, szczekając cicho lub ostro.

Annusò il muschio e il terreno nero dove cresceva l'erba.

Wąchał mech i czarną glebę, gdzie rosła trawa.

Sbuffò di piacere sentendo i ricchi odori della terra profonda.

Zachichotał z zachwytu, czując bogate zapachy głębokiej ziemi.

Rimase accovacciato per ore dietro i tronchi ricoperti di funghi.

Godzinami przesiadywał w kucki za pniami pokrytymi grzybem.

Rimase immobile, ascoltando con gli occhi sgranati ogni minimo rumore.

Pozostał nieruchomo, szeroko otwartymi oczami nasłuchując każdego, najmniejszego dźwięku.

Forse sperava di sorprendere la cosa che aveva emesso la chiamata.

Mógł mieć nadzieję, że zaskoczy istotę, która zadzwoniła.

Non sapeva perché si comportava in quel modo: lo faceva e basta.

Nie wiedział, dlaczego tak się zachował – po prostu tak zrobił.

Questi impulsi provenivano dal profondo, al di là del pensiero o della ragione.

Impulsy te pochodziły z głębi, wykraczały poza myśl i rozum.

Buck fu colto da impulsi irresistibili, senza preavviso o motivo.

Nieodparte pragnienia opanowały Bucka bez ostrzeżenia i bez powodu.

A volte sonnecchiava pigramente nell'accampamento, sotto il caldo di mezzogiorno.

Czasami drzemał leniwie w obozie, w południowym upale.

All'improvviso sollevò la testa e le sue orecchie si drizzarono in allerta.

Nagle podniósł głowę i nastawił uszy.

Poi balzò in piedi e si lanciò nella natura selvaggia senza fermarsi.

Po czym zerwał się na nogi i bez zatrzymywania pobiegł w dzicz.

Corse per ore attraverso sentieri forestali e spazi aperti.

Biegał godzinami po leśnych ścieżkach i otwartych przestrzeniach.

Amava seguire i letti asciutti dei torrenti e spiare gli uccelli sugli alberi.

Uwielbiał podążać za wyschniętymi korytami rzek i podglądać ptaki na drzewach.

Poteva restare nascosto tutto il giorno, osservando le pernici che si pavoneggiavano in giro.

Mógł cały dzień leżeć w ukryciu i obserwować przechadzające się dookoła kuropatwy.

Suonavano i tamburi e marciavano, ignari della presenza immobile di Buck.

Bębnili i maszerowali, nieświadomi ciągłej obecności Bucka.

Ma ciò che amava di più era correre al crepuscolo estivo.
Ale najbardziej lubił biegać o zmierzchu, latem.
La luce fioca e i suoni assonnati della foresta lo riempivano di gioia.
Słabe światło i odgłosy sennego lasu napełniły go radością.
Leggeva i cartelli della foresta con la stessa chiarezza con cui un uomo legge un libro.
Odczytywał znaki leśne tak wyraźnie, jak człowiek czyta książkę.
E cercava sempre la strana cosa che lo chiamava.
I zawsze szukał tej dziwnej rzeczy, która go wzywała.
Quella chiamata non si è mai fermata: lo raggiungeva sia da sveglio che nel sonno.
To powołanie nigdy nie ustało – docierało do niego, czy spał, czy czuwał.

Una notte si svegliò di soprassalto, con gli occhi acuti e le orecchie tese.
Pewnej nocy obudził się gwałtownie, z wyostrzonym wzrokiem i nastawionymi uszami.
Le sue narici si contrassero mentre la sua criniera si rizzava in onde.
Jego nozdrza drgały, a grzywa sterczała falami.
Dal profondo della foresta giunse di nuovo quel suono, il vecchio richiamo.
Z głębi lasu znów dobiegł dźwięk – stare wołanie.
Questa volta il suono risuonò chiaro, un ululato lungo, inquietante e familiare.
Tym razem dźwięk zabrzmiał wyraźnie - długie, przejmujące, znajome wycie.
Era come il verso di un husky, ma dal tono strano e selvaggio.
Brzmiało to jak krzyk husky'ego, ale dziwnie i dziko.
Buck riconobbe subito quel suono: lo aveva già sentito molto tempo prima.
Buck rozpoznał ten dźwięk od razu – słyszał go już dawno temu.

Attraversò con un balzo l'accampamento e scomparve rapidamente nel bosco.
Przeskoczył obóz i szybko zniknął w lesie.
Avvicinandosi al suono, rallentò e si mosse con cautela.
Zbliżając się do źródła dźwięku, zwolnił i zaczął poruszać się ostrożnie.
Presto raggiunse una radura tra fitti pini.
Wkrótce dotarł do polany między gęstymi sosnami.
Lì, ritto sulle zampe posteriori, sedeva un lupo grigio alto e magro.
Tam, wyprostowany na zadzie, siedział wysoki, chudy wilk leśny.
Il naso del lupo puntava verso il cielo, continuando a riecheggiare il richiamo.
Nos wilka skierowany był ku niebu, wciąż powtarzając wołanie.
Buck non aveva emesso alcun suono, eppure il lupo si fermò e ascoltò.
Buck nie wydał żadnego dźwięku, jednak wilk zatrzymał się i nasłuchiwał.
Percependo qualcosa, il lupo si irrigidì e scrutò l'oscurità.
Wyczuwając coś, wilk napiął się i zaczął przeszukiwać ciemność.
Buck si fece avanti furtivamente, con il corpo basso e i piedi ben appoggiati al terreno.
Buck pojawił się w zasięgu wzroku, pochylony nisko i cicho stawiając stopy na ziemi.
La sua coda era dritta e il suo corpo era teso e teso.
Jego ogon był prosty, a ciało ciasno napięte.
Manifestava sia un atteggiamento minaccioso che una sorta di rude amicizia.
Wykazywał zarówno groźbę, jak i rodzaj szorstkiej przyjaźni.
Era il saluto cauto tipico delle bestie selvatiche.
Było to ostrożne powitanie, jakim witały się dzikie zwierzęta.
Ma il lupo si voltò e fuggì non appena vide Buck.
Ale wilk odwrócił się i uciekł, gdy tylko zobaczył Bucka.

Buck si lanciò all'inseguimento, saltando selvaggiamente, desideroso di raggiungerlo.

Buck rzucił się w pogoń, skacząc jak szalony, chcąc ją dogonić.

Seguì il lupo in un ruscello secco bloccato da un ingorgo di tronchi.

Poszedł za wilkiem do wyschniętego strumienia zablokowanego zatorem drzewnym.

Messo alle strette, il lupo si voltò e rimase fermo.

Przyparty do muru wilk odwrócił się i stanął na swoim miejscu.

Il lupo ringhiò e schioccò i denti come un husky intrappolato in una rissa.

Wilk warczał i kłapał zębami jak schwytany w pułapkę pies husky w walce.

I denti del lupo schioccarono rapidamente e il suo corpo si irrigidì per la furia selvaggia.

Zęby wilka szczękały szybko, jego ciało aż kipiało dziką furią.

Buck non attaccò, ma girò intorno al lupo con attenta cordialità.

Buck nie zaatakował, lecz okrążył wilka z ostrożną i przyjazną miną.

Cercò di bloccargli la fuga con movimenti lenti e innocui.

Próbował zablokować mu ucieczkę powolnymi, niegroźnymi ruchami.

Il lupo era cauto e spaventato: Buck lo superava di peso tre volte.

Wilk był ostrożny i przestraszony — Buck przewyższał go wagą trzykrotnie.

La testa del lupo arrivava a malapena all'altezza della spalla massiccia di Buck.

Głowa wilka ledwo sięgała potężnego ramienia Bucka.

Il lupo, attento a individuare un varco, si lanciò e l'inseguimento ricominciò.

Wypatrując luki, wilk rzucił się do ucieczki, a pościg rozpoczął się na nowo.

Buck lo mise alle strette più volte e la danza si ripeté.

Buck kilkakrotnie go osaczył, a taniec się powtórzył.

Il lupo era magro e debole, altrimenti Buck non avrebbe potuto catturarlo.

Wilk był chudy i słaby, w przeciwnym razie Buck nie mógłby go złapać.

Ogni volta che Buck si avvicinava, il lupo si girava di scatto e lo affrontava spaventato.

Za każdym razem, gdy Buck się zbliżał, wilk odwracał się i ze strachem stawał mu naprzeciw.

Poi, alla prima occasione, si precipitò di nuovo nel bosco.

Następnie, przy pierwszej nadarzającej się okazji, pobiegł ponownie do lasu.

Ma Buck non si arrese e alla fine il lupo imparò a fidarsi di lui.

Jednak Buck się nie poddał i wilk w końcu zaczął mu ufać.

Annusò il naso di Buck e i due diventarono giocosi e attenti.

Powąchał nos Bucka, a obaj stali się chętni do zabawy i czujni.

Giocavano come animali selvaggi, feroci ma timidi nella loro gioia.

Bawili się jak dzikie zwierzęta, dzicy, ale nieśmiali w swojej radości.

Dopo un po' il lupo trotterellò via con calma e decisione.

Po chwili wilk spokojnie i zdecydowanie oddalił się.

Dimostrò chiaramente a Buck che intendeva essere seguito.

Wyraźnie pokazał Buckowi, że chce, aby go śledzono.

Correvano fianco a fianco nel buio della sera.

Biegli obok siebie w mrocznym półmroku.

Seguirono il letto del torrente fino alla gola rocciosa.

Podążali korytem potoku w górę skalistego wąwozu.

Attraversarono un freddo spartiacque nel punto in cui aveva avuto origine il fiume.

Przekroczyli zimny rozdział wody, gdzie swój początek miał potok.

Sul pendio più lontano trovarono un'ampia foresta e molti corsi d'acqua.

Na przeciwległym zboczu zobaczyli rozległy las i wiele strumieni.

Corsero per ore senza fermarsi attraverso quella terra immensa.

Przemierzali ten rozległy teren godzinami bez zatrzymywania się.

Il sole saliva sempre più alto, l'aria si faceva calda, ma loro continuavano a correre.

Słońce wznosiło się coraz wyżej, powietrze robiło się cieplejsze, ale oni biegli dalej.

Buck era pieno di gioia: sapeva di aver risposto alla sua chiamata.

Bucka przepełniła radość — wiedział, że odpowiada na swoje powołanie.

Corse accanto al fratello della foresta, più vicino alla fonte della chiamata.

Pobiegł obok swego leśnego brata, bliżej źródła wołania.

I vecchi sentimenti ritornano, potenti e difficili da ignorare.

Powróciły stare uczucia, silne i trudne do zignorowania.

Queste erano le verità nascoste nei ricordi dei suoi sogni.

Takie właśnie prawdy kryły się za wspomnieniami z jego snów.

Tutto questo lo aveva già fatto in un mondo lontano e oscuro.

Wszystko to robił już wcześniej, w odległym i mrocznym świecie.

Questa volta lo fece di nuovo, scatenandosi con il cielo aperto sopra di lui.

Teraz zrobił to znowu, biegając dziko, mając nad sobą otwarte niebo.

Si fermarono presso un ruscello per bere l'acqua fredda che scorreva.

Zatrzymali się przy strumieniu, aby napić się zimnej wody.

Mentre beveva, Buck si ricordò improvvisamente di John Thornton.

Pijąc, Buck nagle przypomniał sobie Johna Thorntona.

Si sedette in silenzio, lacerato dal sentimento di lealtà e dalla chiamata.

Usiadł w milczeniu, rozdarty pragnieniem lojalności i powołania.

Il lupo continuò a trottare, ma tornò indietro per incitare Buck ad andare avanti.

Wilk pobiegł dalej, ale wrócił i zmusił Bucka, by ruszył naprzód.

Gli annusò il naso e cercò di convincerlo con gesti gentili.

Wciągnął nosem powietrze i próbował go nakłonić delikatnymi gestami.

Ma Buck si voltò e riprese a tornare indietro per la strada da cui era venuto.

Jednak Buck zawrócił i ruszył z powrotem tą samą drogą.

Il lupo gli corse accanto per molto tempo, guaindo piano.

Wilk biegł obok niego przez długi czas, cicho wyjąc.

Poi si sedette, alzò il naso ed emise un lungo ululato.

Następnie usiadł, podniósł nos i wydał przeciągły wycie.

Era un grido lugubre, che si addolcì mentre Buck si allontanava.

Był to żałosny krzyk, który stawał się coraz cichszy, gdy Buck odchodził.

Buck ascoltò mentre il suono del grido svaniva lentamente nel silenzio della foresta.

Buck słuchał, jak dźwięk krzyku powoli cichł w leśnej ciszy.

John Thornton stava cenando quando Buck irruppe nell'accampamento.

John Thornton jadł kolację, gdy Buck wpadł do obozu.

Buck gli saltò addosso selvaggiamente, leccandolo, mordendolo e facendolo rotolare.

Buck rzucił się na niego jak szalony, liżąc, gryząc i przewracając go.

Lo fece cadere, gli saltò sopra e gli baciò il viso.

Przewrócił go, wdrapał się na niego i pocałował go w twarz.

Thornton lo definì con affetto "fare il buffone".

Thornton z sympatią nazywał to „bawieniem się w ogólnego błazna".

Nel frattempo, imprecava dolcemente contro Buck e lo scuoteva avanti e indietro.

Przez cały czas delikatnie przeklinał Bucka i potrząsał nim w przód i w tył.

Per due interi giorni e due notti, Buck non lasciò l'accampamento nemmeno una volta.

Przez całe dwa dni i noce Buck ani razu nie opuścił obozu.

Si teneva vicino a Thornton e non lo perdeva mai di vista.

Trzymał się blisko Thorntona i nie spuszczał go z oczu.

Lo seguiva mentre lavorava e lo osservava mentre mangiava.

Podążał za nim, gdy pracował i obserwował go, gdy jadł.

Di notte vedeva Thornton avvolto nelle sue coperte e ogni mattina lo vedeva uscire.

Widział Thorntona zakrywającego się kocem wieczorem i każdego ranka wychodzącego.

Ma presto il richiamo della foresta ritornò, più forte che mai.

Ale wkrótce leśny zew powrócił, głośniejszy niż kiedykolwiek wcześniej.

Buck si sentì di nuovo irrequieto, agitato dal pensiero del lupo selvatico.

Buck znów zaczął się niepokoić, rozbudzony myślami o dzikim wilku.

Ricordava la terra aperta e le corse fianco a fianco.

Przypomniał sobie otwartą przestrzeń i bieganie ramię w ramię.

Ricominciò a vagare nella foresta, solo e vigile.

Ponownie ruszył w głąb lasu, samotny i czujny.

Ma il fratello selvaggio non tornò e l'ululato non fu udito.

Ale dziki brat nie powracał i wycia nie było słychać.

Buck cominciò a dormire all'aperto, restando lontano anche per giorni interi.

Buck zaczął spać na zewnątrz i czasami nie wychodził na kilka dni.

Una volta attraversò l'alto spartiacque dove aveva origine il torrente.

Pewnego razu przekroczył wysoki przełom, gdzie swój początek miał strumień.

Entrò nella terra degli alberi scuri e dei grandi corsi d'acqua.

Wkroczył do krainy ciemnych lasów i szeroko płynących strumieni.

Vagò per una settimana alla ricerca di tracce del fratello selvaggio.

Przez tydzień wędrował w poszukiwaniu śladów dzikiego brata.

Uccideva la propria carne e viaggiava a passi lunghi e instancabili.

Zabijał własne mięso i podróżował długimi, niestrudzonymi krokami.

Pescò salmoni in un ampio fiume che arrivava fino al mare.

Łowił łososie w szerokiej rzece, która wpadała do morza.

Lì lottò e uccise un orso nero reso pazzo dagli insetti.

Tam stoczył walkę i zabił czarnego niedźwiedzia, który był rozwścieczony insektami.

L'orso stava pescando e corse alla cieca tra gli alberi.

Niedźwiedź łowił ryby i biegał na oślep między drzewami.

La battaglia fu feroce e risvegliò il profondo spirito combattivo di Buck.

Bitwa była zacięta i obudziła w Bucku głębokiego ducha walki.

Due giorni dopo, Buck tornò e trovò dei ghiottoni nei pressi della sua preda.

Dwa dni później Buck wrócił i zastał w miejscu swojej zdobyczy rosomaki.

Una dozzina di loro litigarono furiosamente e rumorosamente per la carne.

Kilkunastu z nich kłóciło się wściekle o mięso.

Buck caricò e li disperse come foglie al vento.

Buck rzucił się do ataku i rozrzucił je niczym liście na wietrze.

Due lupi rimasero indietro: silenziosi, senza vita e immobili per sempre.

Dwa wilki pozostały – ciche, bez życia i nieruchome na zawsze.

La sete di sangue divenne più forte che mai.

Pragnienie krwi było silniejsze niż kiedykolwiek.

Buck era un cacciatore, un assassino, che si nutriva di creature viventi.

Buck był myśliwym i zabójcą, żywiącym się żywymi stworzeniami.

Sopravvisse da solo, affidandosi alla sua forza e ai suoi sensi acuti.

Przeżył sam, polegając na swojej sile i wyostrzonych zmysłach.

Prosperava nella natura selvaggia, dove solo i più forti potevano sopravvivere.

Dobrze czuł się na wolności, gdzie mogli przeżyć tylko najtwardsi.

Da ciò nacque un grande orgoglio che riempì tutto l'essere di Buck.

Z tego powodu wielka duma napełniła całą istotę Bucka.

Il suo orgoglio traspariva da ogni passo, dal fremito di ogni muscolo.

Jego duma była widoczna na każdym kroku, w ruchu każdego mięśnia.

Il suo orgoglio era evidente, come si vedeva dal suo comportamento.

Jego duma była tak wyraźna jak mowa, o czym można było się przekonać w sposobie, w jaki się zachowywał.

Persino il suo spesso mantello appariva più maestoso e splendeva di più.

Nawet jego grube futro wyglądało bardziej majestatycznie i lśniło jaśniej.

Buck avrebbe potuto essere scambiato per un lupo grigio gigante.

Bucka można było pomylić z olbrzymim wilkiem leśnym.

A parte il marrone sul muso e le macchie sopra gli occhi.

Z wyjątkiem brązu na pysku i plamek nad oczami.

E la striscia bianca di pelo che gli correva lungo il centro del petto.

I biały pas futra biegnący przez środek klatki piersiowej.

Era addirittura più grande del più grande lupo di quella feroce razza.

Był większy nawet od największego wilka tej groźnej rasy.

Suo padre, un San Bernardo, gli ha trasmesso la stazza e la corporatura robusta.

Jego ojciec, bernardyna, obdarzył go wzrostem i masywną budową ciała.

Sua madre, una pastorella, plasmò quella mole conferendole la forma di un lupo.

Jego matka, pasterka, nadała tej bryle kształt przypominający wilka.

Aveva il muso lungo di un lupo, anche se più pesante e largo.

Miał długi pysk wilka, chociaż był cięższy i szerszy.

La sua testa era quella di un lupo, ma di dimensioni enormi e maestose.

Jego głowa była wilcza, ale zbudowana na ogromną, majestatyczną skalę.

L'astuzia di Buck era l'astuzia del lupo e della natura selvaggia.

Przebiegłość Bucka była przebiegłością wilka i dziczy.

La sua intelligenza gli venne sia dal Pastore Tedesco che dal San Bernardo.

Jego inteligencja pochodziła zarówno od owczarka niemieckiego, jak i bernardyna.

Tutto ciò, unito alla dura esperienza, lo rese una creatura temibile.

Wszystko to, w połączeniu z trudnymi doświadczeniami, uczyniło z niego przerażającą istotę.

Era formidabile quanto qualsiasi animale che vagasse nelle terre selvagge del nord.

Był równie groźny jak każde zwierzę zamieszkujące północne pustkowia.

Nutrendosi solo di carne, Buck raggiunse l'apice della sua forza.

Żyjąc wyłącznie na mięsie, Buck osiągnął szczyt swoich sił.

Trasudava potenza e forza maschile in ogni fibra del suo corpo.

Każda cząstka jego ciała emanowała mocą i męską siłą.

Quando Thornton gli accarezzò la schiena, i peli brillarono di energia.

Kiedy Thornton pogłaskał go po plecach, włoski na jego plecach zaiskrzyły energią.

Ogni capello scricchiolava, carico del tocco di un magnetismo vivente.

Każdy włos trzeszczał, naładowany dotykiem żywego magnetyzmu.

Il suo corpo e il suo cervello erano sintonizzati sulla tonalità più fine possibile.

Jego ciało i mózg były dostrojone do jak najlepszego słyszenia.

Ogni nervo, ogni fibra e ogni muscolo lavoravano in perfetta armonia.

Każdy nerw, włókno i mięsień pracował w idealnej harmonii.

A qualsiasi suono o visione che richiedesse un intervento, rispondeva immediatamente.

Na każdy dźwięk lub widok, który wymagał działania, reagował natychmiast.

Se un husky saltava per attaccare, Buck poteva saltare due volte più velocemente.

Gdyby husky rzucił się do ataku, Buck mógłby skoczyć dwa razy szybciej.

Reagì più rapidamente di quanto gli altri potessero vedere o sentire.

Zareagował szybciej, niż ktokolwiek mógł zobaczyć lub usłyszeć.

Percezione, decisione e azione avvennero tutte in un unico, fluido istante.

Spostrzeżenie, decyzja i działanie nastąpiły w jednym, płynnym momencie.

In realtà si tratta di atti separati, ma troppo rapidi per essere notati.

W rzeczywistości te akty były odrębne, ale nastąpiły zbyt szybko, by je zauważyć.

Gli intervalli tra questi atti erano così brevi che sembravano uno solo.

Przerwy między tymi aktami były tak krótkie, że zdawały się stanowić jeden akt.

I suoi muscoli e il suo essere erano come molle strettamente avvolte.

Jego mięśnie i istota przypominały mocno napięte sprężyny.

Il suo corpo traboccava di vita, selvaggia e gioiosa nella sua potenza.

Jego ciało było pełne życia, dzikie i radosne w swojej sile.

A volte aveva la sensazione che la forza stesse per esplodere completamente dentro di lui.

Czasami miał wrażenie, że cała moc zaraz z niego wyparuje.

"Non c'è mai stato un cane simile", disse Thornton un giorno tranquillo.

„Nigdy nie było takiego psa" – powiedział Thornton pewnego spokojnego dnia.

I soci osservarono Buck uscire fiero dall'accampamento.

Partnerzy obserwowali, jak Buck dumnie wychodzi z obozowiska.

"Quando è stato creato, ha cambiato il modo in cui un cane può essere", ha detto Pete.

„Kiedy powstał, zmienił sposób, w jaki może wyglądać pies" – powiedział Pete.

"Per Dio! Lo penso anch'io", concordò subito Hans.

„Na Jezusa! Ja też tak myślę" – Hans szybko się zgodził.

Lo videro allontanarsi, ma non il cambiamento che avvenne dopo.

Widzieli, jak odmaszerował, ale nie widzieli zmiany, która nastąpiła później.

Non appena entrò nel bosco, Buck si trasformò completamente.

Gdy tylko wszedł do lasu, Buck zmienił się diametralnie.

Non marciava più, ma si muoveva come uno spettro selvaggio tra gli alberi.

Już nie maszerował, lecz poruszał się jak dziki duch wśród drzew.

Divenne silenzioso, come un gatto, un bagliore che attraversava le ombre.

Stał się cichy, poruszał się jak kot, niczym migotanie
przechodzące przez cienie.

**Usava la copertura con abilità, strisciando sulla pancia come
un serpente.**

Zręcznie korzystał z osłony, czołgając się na brzuchu niczym
wąż.

**E come un serpente, sapeva balzare in avanti e colpire in
silenzio.**

I niczym wąż potrafił skoczyć do przodu i uderzyć w ciszy.

**Potrebbe rubare una pernice bianca direttamente dal suo
nido nascosto.**

Potrafił ukraść pardwę prosto z jej ukrytego gniazda.

Uccideva i conigli addormentati senza emettere alcun suono.

Zabijał śpiące króliki, nie wydając ani jednego dźwięku.

**Riusciva a catturare gli scoiattoli a mezz'aria anche se
fuggivano troppo lentamente.**

Potrafił łapać wiewiórki w locie, gdy uciekały zbyt wolno.

**Nemmeno i pesci nelle pozze riuscivano a sfuggire ai suoi
attacchi improvvisi.**

Nawet ryby w stawach nie mogły uniknąć jego nagłych
uderzeń.

**Nemmeno i furbi castori impegnati a riparare le dighe erano
al sicuro da lui.**

Nawet sprytne bobry naprawiające tamy nie były przed nim
bezpieczne.

**Uccideva per nutrirsi, non per divertirsi, ma preferiva
uccidere le proprie vittime.**

Zabijał dla pożywienia, nie dla zabawy – ale najbardziej lubił
zabijać własne ofiary.

**Eppure, un umorismo subdolo permeava alcune delle sue
cacce silenziose.**

Jednakże w niektórych jego cichych polowaniach wyczuwało
się chytry humor.

**Si avvicinò furtivamente agli scoiattoli, solo per lasciarli
scappare.**

Podkradł się blisko wiewiórek, ale pozwolił im uciec.

Stavano per fuggire tra gli alberi, chiacchierando con rabbia e paura.

Zamierzali uciec w stronę drzew, szczebiocząc ze strachu i wściekłości.

Con l'arrivo dell'autunno, le alci cominciarono ad apparire in numero maggiore.

Jesienią łosie zaczęły pojawiać się w większej liczbie.

Si spostarono lentamente verso le basse valli per affrontare l'inverno.

Powoli przesuwali się w głąb dolin, by spotkać zimę.

Buck aveva già abbattuto un giovane vitello randagio.

Buck upolował już jedno młode, zagubione cielę.

Ma lui desiderava ardentemente affrontare prede più grandi e pericolose.

Ale pragnął stawić czoła większej i bardziej niebezpiecznej zdobyczy.

Un giorno, sul crinale, alla sorgente del torrente, trovò la sua occasione.

Pewnego dnia, na przełomie rzeki, u źródła potoku, znalazł swoją szansę.

Una mandria di venti alci era giunta da terre boscose.

Stado dwudziestu łosi przeszło z terenów leśnych.

Tra loro c'era un possente toro, il capo del gruppo.

Wśród nich był potężny byk, przywódca grupy.

Il toro era alto più di due metri e mezzo e appariva feroce e selvaggio.

Byk miał ponad sześć stóp wysokości i wyglądał groźnie i dziko.

Lanciò le sue grandi corna, le cui quattordici punte si diramavano verso l'esterno.

Rozłożył szerokie poroże, z którego czternaście ramion rozgałęziało się na zewnątrz.

Le punte di quelle corna si estendevano per due metri.

Końce tych poroży miały siedem stóp szerokości.

I suoi piccoli occhi ardevano di rabbia quando vide Buck lì vicino.

Jego małe oczy zapłonęły gniewem, gdy dostrzegł w pobliżu Bucka.

Emise un ruggito furioso, tremando di rabbia e dolore.

Wydał z siebie wściekły ryk, trzęsąc się z wściekłości i bólu.

Vicino al suo fianco spuntava la punta di una freccia, appuntita e piumata.

Koniec strzały wystawał z jego boku, pierzasty i ostry.

Questa ferita contribuì a spiegare il suo umore selvaggio e amareggiato.

Ta rana pomogła wyjaśnić jego dziki, gorzki nastrój.

Buck, guidato dall'antico istinto di caccia, fece la sua mossa.

Buck, kierowany starożytnym instynktem łowieckim, ruszył do akcji.

Il suo obiettivo era separare il toro dal resto della mandria.

Jego celem było oddzielenie byka od reszty stada.

Non era un compito facile: richiedeva velocità e una grande astuzia.

Nie było to łatwe zadanie — wymagało szybkości i ogromnej przebiegłości.

Abbaiava e danzava vicino al toro, appena fuori dalla sua portata.

Szczekał i tańczył w pobliżu byka, tuż poza jego zasięgiem.

L'alce si lanciò con enormi zoccoli e corna mortali.

Łoś rzucił się naprzód, mając ogromne kopyta i śmiercionośne porożem.

Un colpo avrebbe potuto porre fine alla vita di Buck in un batter d'occhio.

Jeden cios mógł w mgnieniu oka zakończyć życie Bucka.

Incapace di abbandonare la minaccia, il toro si infuriò.

Byk wpadł w szał, ponieważ nie mógł pozbyć się zagrożenia.

Lui caricava con furia, ma Buck riusciva sempre a sfuggirgli.

Rzucił się do ataku z wściekłością, ale Buck zawsze uciekał.

Buck finse di essere debole, allontanandosi ulteriormente dalla mandria.

Buck udawał słabość, odciągając go coraz dalej od stada.

Ma i giovani tori sarebbero tornati alla carica per proteggere il capo.

Jednak młode byki zamierzały zaszarżować, by chronić przywódcę.

Costrinsero Buck a ritirarsi e il toro a ricongiungersi al gruppo.

Zmusili Bucka do odwrotu, a byka do ponownego dołączenia do grupy.

C'è una pazienza nella natura selvaggia, profonda e inarrestabile.

W dziczy kryje się cierpliwość, głęboka i niepowstrzymana.

Un ragno resta immobile nella sua tela per innumerevoli ore.

Pająk czeka nieruchomo w swojej sieci przez niezliczone godziny.

Un serpente si avvolge su se stesso senza contrarsi e aspetta il momento giusto.

Wąż zwija się bez drgnięcia i czeka, aż nadejdzie jego pora.

Una pantera è in agguato, finché non arriva il momento.

Pantera czyha w zasadzce, aż nadejdzie właściwy moment.

Questa è la pazienza dei predatori che cacciano per sopravvivere.

Taka jest cierpliwość drapieżników, którzy polują, aby przetrwać.

La stessa pazienza ardeva dentro Buck mentre gli restava accanto.

Ta sama cierpliwość płonęła w Bucku, gdy trzymał się blisko.

Rimase vicino alla mandria, rallentandone la marcia e incutendo timore.

Trzymał się blisko stada, spowalniając jego marsz i wzbudzając strach.

Provocava i giovani tori e molestava le mucche madri.

Drażnił młode byki i nękał matki-krowy.

Spinse il toro ferito in una rabbia ancora più profonda e impotente.

Doprowadził rannego byka do jeszcze większej, bezsilnej wściekłości.

Per mezza giornata il combattimento si trascinò senza alcuna tregua.

Walka trwała pół dnia bez chwili wytchnienia.

Buck attaccò da ogni angolazione, veloce e feroce come il vento.

Buck atakował z każdej strony, szybko i gwałtownie jak wiatr.

Impedì al toro di riposare o di nascondersi con la mandria.

Nie pozwalał bykowi odpoczywać ani ukrywać się ze stadem.

Buck logorò la volontà dell'alce più velocemente del suo corpo.

Buck osłabiał wolę łosia szybciej, niż jego ciało.

Il giorno passò e il sole tramontò basso nel cielo a nord-ovest.

Dzień minął, a słońce schowało się nisko na północno-zachodnim niebie.

I giovani tori tornarono più lentamente per aiutare il loro capo.

Młode byki wracały wolniej, by pomóc swemu przywódcy.

Erano tornate le notti autunnali e il buio durava ormai sei ore.

Wróciły noce jesienne, a ciemność trwała teraz sześć godzin.

L'inverno li spingeva verso valli più sicure e calde.

Zima zmuszała ich do zejścia w dół, w bezpieczniejsze i cieplejsze doliny.

Ma non riuscirono comunque a sfuggire al cacciatore che li tratteneva.

Ale nadal nie udało im się uciec przed myśliwym, który ich powstrzymywał.

Era in gioco solo una vita: non quella del branco, ma quella del loro capo.

Stawką było życie tylko jednego człowieka — nie stada, lecz jego przywódcy.

Ciò rendeva la minaccia lontana e non una loro preoccupazione urgente.

To sprawiło, że zagrożenie stało się odległe i nie stanowiło już dla nich pilnego problemu.

Col tempo accettarono questo prezzo e lasciarono che Buck prendesse il vecchio toro.

Z czasem zaakceptowali ten koszt i pozwolili Buckowi wziąć starego byka.

Mentre calava il crepuscolo, il vecchio toro rimase in piedi con la testa bassa.

Gdy zapadł zmrok, stary byk stanął z opuszczoną głową.

Guardò la mandria che aveva guidato svanire nella luce morente.

Patrzył, jak stado, które poprowadził, znika w zanikającym świetle.

C'erano mucche che aveva conosciuto, vitelli che un tempo aveva generato.

Były tam krowy, które znał, i cielęta, które kiedyś był ojcem.

C'erano tori più giovani con cui aveva combattuto e che aveva dominato nelle stagioni passate.

W poprzednich sezonach walczył i dowodził młodszymi bykami.

Non poteva seguirli, perché davanti a lui era di nuovo accovacciato Buck.

Nie mógł pójść za nimi, bo przed nim znów przycupnął Buck.

Il terrore spietato e zannuto gli bloccava ogni via che potesse percorrere.

Bezlitosny terror o zębach blokował każdą ścieżkę, którą mógł podążać.

Il toro pesava più di trecento chili di potenza densa.

Byk ważył ponad trzysta funtów gęstej mocy.

Aveva vissuto a lungo e lottato duramente in un mondo di difficoltà.

Żył długo i walczył dzielnie w świecie zmagań.

Eppure, alla fine, la morte gli venne commessa da una bestia molto più bassa di lui.

Jednak teraz, u kresu jego dni, śmierć przyszła od bestii żyjącej daleko pod nim.

La testa di Buck non arrivò nemmeno alle enormi ginocchia noccate del toro.

Głowa Bucka nawet nie dotknęła potężnych kolan byka.

Da quel momento in poi, Buck rimase con il toro notte e giorno.

Od tego momentu Buck towarzyszył bykowi dzień i noc.

Non gli dava mai tregua, non gli permetteva mai di brucare o bere.

Nigdy nie dawał mu odpoczynku, nie pozwalał mu jeść ani pić.

Il toro cercò di mangiare giovani germogli di betulla e foglie di salice.

Byk próbował zjeść młode pędy brzozy i liście wierzby.

Ma Buck lo scacciò, sempre all'erta e sempre all'attacco.

Ale Buck go odpędził, zawsze czujny i ciągle atakujący.

Anche nei torrenti che scorrevano, Buck bloccava ogni assetato tentativo.

Nawet w rwących strumieniach Buck blokował każdą próbę ataku.

A volte, in preda alla disperazione, il toro fuggiva a tutta velocità.

Czasami, w desperacji, byk uciekał na pełnej prędkości.

Buck lo lasciò correre, avanzando tranquillamente dietro di lui, senza mai allontanarsi troppo.

Buck pozwolił mu biec, a ten spokojnie kłusował tuż za nim, nigdy za daleko.

Quando l'alce si fermò, Buck si sdraiò, ma rimase pronto.

Kiedy łoś się zatrzymał, Buck położył się, ale pozostał gotowy.

Se il toro provava a mangiare o a bere, Buck colpiva con tutta la sua furia.

Jeśli byk próbował jeść lub pić, Buck atakował z całą furią.

La grande testa del toro si abbassava sotto le enormi corna.

Ogromna głowa byka opadała coraz niżej pod jego wielkim porożem.

Il suo passo rallentò, il trotto divenne pesante, un'andatura barcollante.

Jego tempo zwolniło, kłus stał się ciężki; chód stał się potykającym się krokiem.

Spesso restava immobile con le orecchie abbassate e il naso rivolto verso il terreno.

Często stał nieruchomo z opadniętymi uszami i nosem przy ziemi.

In quei momenti Buck si prese del tempo per bere e riposare.

W tych chwilach Buck poświęcał czas na picie i odpoczynek.

Con la lingua fuori e gli occhi fissi, Buck sentì che la terra stava cambiando.

Buck wystawił język i utkwił wzrok w ziemi i wyczuł, że ziemia się zmienia.

Sentì qualcosa di nuovo muoversi nella foresta e nel cielo.

Wyczuł, że coś nowego porusza się w lesie i na niebie.

Con il ritorno delle alci tornarono anche altre creature selvatiche.

Gdy powróciły łosie, powróciły również inne dzikie zwierzęta.

La terra sembrava viva di una presenza invisibile ma fortemente nota.

Ziemia tętniła życiem, była niewidzialna, ale silnie znana.

Buck non lo sapeva tramite l'udito, la vista o l'olfatto.

Buck nie wiedział tego po dźwięku, wzroku ani zapachu.

Un sentimento più profondo gli diceva che nuove forze erano in movimento.

Głębsze przeczucie podpowiadało mu, że nadchodzą nowe siły.

Una strana vita si agitava nei boschi e lungo i corsi d'acqua.

W lasach i wzdłuż strumieni tętniło dziwne życie.

Decise di esplorare questo spirito una volta completata la caccia.

Postanowił zbadać tego ducha po zakończeniu polowania.

Il quarto giorno, Buck riuscì finalmente a catturare l'alce.

Czwartego dnia Buckowi w końcu udało się upolować łosia.

Rimase nei pressi della preda per un giorno e una notte interi, nutrendosi e riposandosi.

Pozostawał przy upolowanej zwierzynie przez cały dzień i noc, jedząc i odpoczywając.

Mangiò, poi dormì, poi mangiò ancora, finché non fu forte e sazio.

Zjadł, potem poszedł spać, potem znowu jadł, aż był silny i pełny.

Quando fu pronto, tornò indietro verso l'accampamento e Thornton.

Gdy był gotowy, zawrócił w stronę obozu i Thornton.
Con passo costante iniziò il lungo viaggio di ritorno verso casa.
Stałym tempem rozpoczął długą podróż powrotną do domu.
Correva con la sua andatura instancabile, ora dopo ora, senza mai smarrirsi.
Biegł swoim niestrudzonym tempem, godzinami i ani razu nie zboczył z trasy.
Attraverso terre sconosciute, si muoveva dritto come l'ago di una bussola.
Przez nieznane krainy poruszał się prosto jak igła kompasu.
Il suo senso dell'orientamento faceva sembrare deboli, al confronto, l'uomo e la mappa.
W porównaniu z nim człowiek i mapa wydawały się słabe.
Mentre Buck correva, sentiva sempre più forte l'agitazione nella terra selvaggia.
Im bardziej Buck biegł, tym mocniej odczuwał poruszenie w dzikiej krainie.
Era un nuovo tipo di vita, diverso da quello dei tranquilli mesi estivi.
To był zupełnie nowy rodzaj życia, niepodobny do tego, jakie znaliśmy z spokojnych letnich miesięcy.
Questa sensazione non giungeva più come un messaggio sottile o distante.
To uczucie nie było już subtelnym i odległym przekazem.
Ora gli uccelli parlavano di questa vita e gli scoiattoli chiacchieravano.
Ptaki opowiadały o tym życiu, a wiewiórki o nim ćwierkały.
Persino la brezza sussurrava avvertimenti tra gli alberi silenziosi.
Nawet wiatr szeptał ostrzeżenia przez ciche drzewa.
Più volte si fermò ad annusare l'aria fresca del mattino.
Kilkakrotnie zatrzymywał się i wdychał świeże poranne powietrze.
Lì lesse un messaggio che lo fece fare un balzo in avanti più velocemente.

Przeczytał tam wiadomość, która sprawiła, że skoczył naprzód jeszcze szybciej.

Fu pervaso da un forte senso di pericolo, come se qualcosa fosse andato storto.

Ogarnęło go silne poczucie zagrożenia, jakby coś poszło nie tak.

Temeva che la calamità stesse per arrivare, o che fosse già arrivata.

Obawiał się, że nieszczęście nadejdzie — albo że już nadeszło.

Superò l'ultima cresta ed entrò nella valle sottostante.

Przekroczył ostatni grzbiet i wszedł w dolinę poniżej.

Si muoveva più lentamente, attento e cauto a ogni passo.

Poruszał się wolniej, był czujniejszy i ostrożniejszy z każdym krokiem.

Dopo tre miglia trovò una pista fresca che lo fece irrigidire.

Trzy mile dalej znalazł świeży ślad, który sprawił, że zesztywniał.

I peli sul collo si rizzarono e si rizzarono in segno di allarme.

Włosy na jego szyi zjeżyły się i zjeżyły ze strachu.

Il sentiero portava dritto all'accampamento dove Thornton aspettava.

Szlak wiódł prosto do obozowiska, gdzie czekał Thornton.

Buck ora si muoveva più velocemente, con passi silenziosi e rapidi.

Buck poruszał się teraz szybciej, jego kroki były jednocześnie ciche i szybkie.

I suoi nervi si irrigidirono mentre leggeva segnali che altri non avrebbero notato.

Jego nerwy napinały się, gdy czytał znaki, które inni mogli przegapić.

Ogni dettaglio del percorso raccontava una storia, tranne l'ultimo pezzo.

Każdy szczegół na szlaku opowiadał historię — z wyjątkiem ostatniego fragmentu.

Il suo naso gli raccontò della vita che aveva trascorso lì.

Jego nos opowiedział mu o życiu, które tu przeminęło.

L'odore gli fornì un'immagine mutevole mentre lo seguiva da vicino.

Zapach ten nadał mu zmieniający się obraz, gdy podążał tuż za nim.

Ma la foresta stessa era diventata silenziosa, innaturalmente immobile.

Lecz w samym lesie zapanowała cisza; nienaturalna nieruchomość.

Gli uccelli erano scomparsi, gli scoiattoli erano nascosti, silenziosi e immobili.

Ptaki zniknęły, wiewiórki się ukryły, były ciche i nieruchome.

Vide solo uno scoiattolo grigio, sdraiato su un albero morto.

Zobaczył tylko jedną szarą wiewiórkę, leżącą płasko na martwym drzewie.

Lo scoiattolo si mimetizzava, rigido e immobile come una parte della foresta.

Wiewiórka wtopiła się w tłum, sztywna i nieruchoma, niczym część lasu.

Buck si muoveva come un'ombra, silenzioso e sicuro tra gli alberi.

Buck poruszał się niczym cień, cicho i pewnie wśród drzew.

Il suo naso si mosse di lato come se fosse stato tirato da una mano invisibile.

Jego nos drgnął na bok, jakby pociągała go jakaś niewidzialna ręka.

Si voltò e seguì il nuovo odore nel profondo di un boschetto.

Odwrócił się i podążył za nowym zapachem głęboko w gąszcz.

Lì trovò Nig, steso morto, trafitto da una freccia.

Tam znalazł Niga, leżącego martwego, przebitego strzałą.

La freccia gli attraversò il corpo, lasciando ancora visibili le piume.

Strzała przeszła na wylot przez jego ciało, a pióra wciąż były widoczne.

Nig si era trascinato fin lì, ma era morto prima di riuscire a raggiungere i soccorsi.

Nig dotarł tam o własnych siłach, ale zmarł zanim zdążył wezwać pomoc.

Cento metri più avanti, Buck trovò un altro cane da slitta.

Sto metrów dalej Buck spotkał kolejnego psa zaprzęgowego.

Era un cane che Thornton aveva comprato a Dawson City.

Był to pies, którego Thornton kupił w Dawson City.

Il cane lottava con tutte le sue forze, dimenandosi violentemente sul sentiero.

Pies toczył walkę na śmierć i życie, rzucając się z całych sił na szlaku.

Buck gli passò accanto senza fermarsi, con gli occhi fissi davanti a sé.

Buck ominął go, nie zatrzymując się, ze wzrokiem utkwionym przed siebie.

Dalla direzione dell'accampamento proveniva un canto lontano e ritmico.

Z obozu dobiegał daleki, rytmiczny śpiew.

Le voci si alzavano e si abbassavano con un tono strano, inquietante, cantilenante.

Głosy wznosiły się i opadały, tworząc dziwny, niesamowity, śpiewny ton.

Buck strisciò in silenzio fino al limite della radura.

Buck w milczeniu podpełzł na skraj polany.

Lì vide Hans disteso a faccia in giù, trafitto da numerose frecce.

Tam zobaczył Hansa leżącego twarzą do dołu, przebitego wieloma strzałami.

Il suo corpo sembrava quello di un porcospino, irto di penne.

Jego ciało przypominało jeżozwierza, najeżone pierzastymi trzonkami.

Nello stesso momento, Buck guardò verso la capanna in rovina.

W tym samym momencie Buck spojrzał w stronę zniszczonego domku.

Quella vista gli fece rizzare i capelli sul collo e sulle spalle.

Ten widok sprawił, że włosy stanęły mu dęba na szyi i ramionach.

Un'ondata di rabbia selvaggia travolse tutto il corpo di Buck.

Burza dzikiej wściekłości ogarnęła całe ciało Bucka.

Ringhiò forte, anche se non ne era consapevole.

Warknął głośno, choć nie był tego świadomy.

Il suono era crudo, pieno di una furia terrificante e selvaggia.

Dźwięk był surowy, pełen przerażającej, dzikiej furii.

Per l'ultima volta nella sua vita, Buck perse la ragione a causa delle emozioni.

Po raz ostatni w życiu Buck stracił rozum na rzecz emocji.

Fu l'amore per John Thornton a spezzare il suo attento controllo.

To właśnie miłość do Johna Thorntona złamała jego staranną kontrolę.

Gli Yeehats ballavano attorno alla baita in legno di abete rosso distrutta.

Yeehatsowie tańczyli wokół zniszczonego świerkowego domku.

Poi si udì un ruggito e una bestia sconosciuta si lanciò verso di loro.

Potem rozległ się ryk i nieznana bestia rzuciła się w ich stronę.

Era Buck: una furia in movimento, una tempesta vivente di vendetta.

To był Buck; furia w ruchu; żywa burza zemsty.

Si gettò in mezzo a loro, folle di voglia di uccidere.

Rzucił się między nich, oszalały z potrzeby zabijania.

Si lanciò contro il primo uomo, il capo Yeehat, e colpì nel segno.

Rzucił się na pierwszego mężczyznę, wodza Yeehatów, i uderzył celnie.

La sua gola era squarciata e il sangue schizzava a fiotti.

Jego gardło było rozerwane, a krew tryskała strumieniem.

Buck non si fermò, ma con un balzo squarciò la gola dell'uomo successivo.

Buck nie zatrzymał się, lecz jednym skokiem rozerwał gardło następnego mężczyzny.

Era inarrestabile: squarciava, tagliava, non si fermava mai a riposare.

Był niepowstrzymany – rozrywał, rąbał i nigdy nie odpoczywał.

Si lanciò e balzò così velocemente che le loro frecce non riuscirono a toccarlo.

Rzucił się i skoczył tak szybko, że ich strzały nie mogły go dosięgnąć.

Gli Yeehats erano in preda al panico e alla confusione.

Yeehatsowie ogarnęła panika i dezorientacja.

Le loro frecce non colpirono Buck e si colpirono tra loro.

Ich strzały chybiły Bucka i trafiły się w siebie.

Un giovane scagliò una lancia contro Buck e colpì un altro uomo.

Jeden z młodzieńców rzucił włócznią w Bucka i trafił innego mężczyznę.

La lancia gli trapassò il petto e la punta gli trafisse la schiena.

Włócznia przebiła mu klatkę piersiową, a jej ostrze przebiło plecy.

Il terrore travolse gli Yeehats, che si diedero alla ritirata.

Yeehatów ogarnęła panika i natychmiast się wycofali.

Urlarono allo Spirito Maligno e fuggirono nelle ombre della foresta.

Krzyczeli, że jest Zły Duch i uciekli w cienie lasu.

Buck era davvero come un demone mentre inseguiva gli Yeehats.

Buck naprawdę zachowywał się jak demon, ścigając Yeehatów.

Li inseguì attraverso la foresta, abbattendoli come cervi.

Pobiegł za nimi przez las i powalił ich jak jelenie.

Divenne un giorno di destino e terrore per gli spaventati Yeehats.

Dla przestraszonych Yeehatów stał się to dzień losu i grozy.

Si dispersero sul territorio, fuggendo in ogni direzione.

Rozproszyli się po całym kraju, uciekając w każdym kierunku.

Passò un'intera settimana prima che gli ultimi sopravvissuti si incontrassero in una valle.

Minął cały tydzień, zanim ostatni ocaleni spotkali się w dolinie.

Solo allora contarono le perdite e raccontarono quanto accaduto.

Dopiero wtedy policzyli straty i opowiedzieli, co się wydarzyło.

Buck, stanco dell'inseguimento, ritornò all'accampamento in rovina.

Buck, zmęczywszy się pościgiem, powrócił do zniszczonego obozu.

Trovò Pete, ancora avvolto nelle coperte, ucciso nel primo attacco.

Znalazł Pete'a, nadal zawiniętego w koc, zabitego w pierwszym ataku.

I segni dell'ultima lotta di Thornton erano visibili nella terra lì vicino.

W pobliżu na ziemi widać ślady ostatniej walki Thorntona.

Buck seguì ogni traccia, annusando ogni segno fino al punto finale.

Buck podążał każdym śladem, węsząc każdy znak aż do ostatniego punktu.

Sul bordo di una profonda pozza trovò il fedele Skeet, immobile.

Na skraju głębokiego basenu znalazł wiernego Skeeta, leżącego nieruchomo.

La testa e le zampe anteriori di Skeet erano nell'acqua, immobili nella morte.

Głowa i przednie łapy Skeeta znajdowały się w wodzie, nieruchome, gdy umarł.

La piscina era fangosa e contaminata dai liquidi di scarico delle chiuse.

Basen był błotnisty i zanieczyszczony ściekami ze śluz.

La sua superficie torbida nascondeva ciò che si trovava sotto, ma Buck conosceva la verità.

Jego chmurzasta powierzchnia ukrywała to, co znajdowało się pod spodem, ale Buck znał prawdę.

Seguì l'odore di Thornton nella piscina, ma non lo portò da nessun'altra parte.

Podążył za zapachem Thorntona do basenu, ale zapach nie prowadził nigdzie indziej.

Non c'era alcun odore che provenisse, solo il silenzio dell'acqua profonda.

Nie było czuć żadnego zapachu, tylko cisza głębokiej wody.

Buck rimase tutto il giorno vicino alla piscina, camminando avanti e indietro per l'accampamento, addolorato.

Buck cały dzień przebywał przy basenie i pogrążony w smutku przechadzał się po obozie.

Vagava irrequieto o sedeva immobile, immerso nei suoi pensieri.

Wędrował niespokojnie albo siedział w bezruchu, pogrążony w głębokich myślach.

Conosceva la morte, la fine della vita, la scomparsa di ogni movimento.

Znał śmierć, koniec życia, zanik wszelkiego ruchu.

Capì che John Thornton se n'era andato e non sarebbe mai più tornato.

Zrozumiał, że John Thornton odszedł i nigdy nie wróci.

La perdita lasciò in lui un vuoto che pulsava come la fame.

Strata pozostawiła w nim pustkę, która pulsowała jak głód.

Ma questa era una fame che il cibo non riusciva a placare, non importava quanto ne mangiasse.

Ale głód ten nie mógł zostać zaspokojony jedzeniem, bez względu na to, ile zjadł.

A volte, mentre guardava i cadaveri di Yeehats, il dolore si attenuava.

Czasami, gdy patrzył na martwych Yeehatów, ból ustępował.

E poi dentro di lui nacque uno strano orgoglio, feroce e totale.

A potem w jego wnętrzu narodziła się dziwna duma, dzika i całkowita.

Aveva ucciso l'uomo, la preda più alta e pericolosa di tutte.

Zabił człowieka, najgorszą i najniebezpieczniejszą ze wszystkich gier.

Aveva ucciso in violazione dell'antica legge del bastone e della zanna.

Zabił wbrew starożytnemu prawu pałki i kłów.

Buck annusò i loro corpi senza vita, curioso e pensieroso.

Buck powąchał ich martwe ciała, ciekawy i zamyślony.

Erano morti così facilmente, molto più facilmente di un husky in combattimento.

Zginęli tak łatwo – o wiele łatwiej niż husky w walce.

Senza le armi non avrebbero avuto vera forza né avrebbero rappresentato una minaccia.

Bez broni nie mieli prawdziwej siły i nie stanowili żadnego zagrożenia.

Buck non avrebbe più avuto paura di loro, a meno che non fossero stati armati.

Buck nigdy więcej nie miał się ich bać, chyba że byli uzbrojeni.

Stava attento solo quando portavano clave, lance o frecce.

Uważał tylko wtedy, gdy mieli przy sobie maczugi, włócznie lub strzały.

Calò la notte e la luna piena spuntò alta sopra le cime degli alberi.

Zapadła noc, a księżyc w pełni wzniósł się wysoko nad czubkami drzew.

La pallida luce della luna avvolgeva la terra in un tenue e spettrale chiarore, come se fosse giorno.

Blade światło księżyca skąpało ziemię w miękkim, upiornym blasku, niczym w dzień.

Mentre la notte avanzava, Buck continuava a piangere presso la pozza silenziosa.

Gdy noc robiła się coraz ciemniejsza, Buck wciąż pogrążony był w żałobie nad cichym basenem.

Poi si accorse di un diverso movimento nella foresta.

Wtedy zauważył w lesie jakieś dziwne poruszenie.

L'agitazione non proveniva dagli Yeehats, ma da qualcosa di più antico e profondo.

To poruszenie nie pochodziło od Yeehatów, ale od czegoś starszego i głębszego.

Si alzò in piedi, drizzò le orecchie e tastò con attenzione la brezza con il naso.

Wstał, nastawił uszy i ostrożnie sprawdził nosem wiatr.

Da lontano giunse un debole e acuto grido che squarciò il silenzio.

Z oddali dobiegł słaby, ostry krzyk, który przeciął ciszę.

Poi un coro di grida simili seguì subito dopo il primo.

Potem zaraz po pierwszym okrzyku rozległ się chór podobnych okrzyków.

Il suono si avvicinava sempre di più, diventando sempre più forte con il passare dei minuti.

Dźwięk był coraz głośniejszy i zbliżał się z każdą chwilą.

Buck conosceva quel grido: proveniva da quell'altro mondo nella sua memoria.

Buck znał ten krzyk — dochodził z innego świata w jego pamięci.

Si recò al centro dello spazio aperto e ascoltò attentamente.

Podszedł do środka otwartej przestrzeni i uważnie nasłuchiwał.

L'appello risuonò più forte che mai, più sentito e più potente che mai.

Wezwanie zabrzmiało głośno i potężniej niż kiedykolwiek.

E ora, più che mai, Buck era pronto a rispondere alla sua chiamata.

I teraz, bardziej niż kiedykolwiek, Buck był gotowy odpowiedzieć na swoje powołanie.

John Thornton era morto e in lui non era rimasto alcun legame con l'uomo.

John Thornton nie żył i nie czuł już żadnego związku z człowiekiem.

L'uomo e tutte le pretese umane erano svaniti: era finalmente libero.

Człowiek i wszelkie ludzkie roszczenia zniknęły – w końcu był wolny.

Il branco di lupi era a caccia di carne, proprio come un tempo avevano fatto gli Yeehats.

Stado wilków polowało na mięso, tak jak kiedyś robili to Yeehatowie.

Avevano seguito le alci mentre scendevano dalle terre boscose.

Podążali za łosiami schodzącymi z zalesionych terenów.

Ora, selvaggi e affamati di prede, attraversarono la sua valle.

Teraz, dzicy i głodni zdobyczy, weszli do jego doliny.

Giunsero nella radura illuminata dalla luna, scorrendo come acqua argentata.

Wyszli na rozświetloną księżycem polanę, płynąc niczym srebrzysta woda.

Buck rimase immobile al centro, in attesa.

Buck stał nieruchomo na środku, czekając na nich.

La sua presenza calma e imponente lasciò il branco senza parole, tanto da farlo restare per un breve periodo in silenzio.

Jego spokojna, duża postać wprawiła w osłupienie stado, które na chwilę zamilkło.

Allora il lupo più audace gli saltò addosso senza esitazione.

Wtedy najodważniejszy wilk bez wahania rzucił się prosto na niego.

Buck colpì rapidamente e spezzò il collo del lupo con un solo colpo.

Buck uderzył szybko i jednym ciosem złamał kark wilka.

Rimase di nuovo immobile mentre il lupo morente si contorceva dietro di lui.

Znów stanął bez ruchu, gdy umierający wilk kręcił się za nim.

Altri tre lupi attaccarono rapidamente, uno dopo l'altro.

Trzy kolejne wilki zaatakowały szybko, jeden po drugim.

Ognuno di loro si ritrasse sanguinante, con la gola o le spalle tagliate.

Każdy z nich wycofywał się krwawiąc, z podciętymi gardłami i ramionami.

Ciò fu sufficiente a scatenare una carica selvaggia da parte dell'intero branco.

To wystarczyło, by całe stado rzuciło się do dzikiej szarży.

Si precipitarono tutti insieme, troppo impazienti e troppo ammassati per colpire bene.

Wpadli razem, zbyt chętni i stłoczeni, by uderzyć skutecznie.

La velocità e l'abilità di Buck gli permisero di anticipare l'attacco.

Szybkość i umiejętności Bucka pozwoliły mu wyprzedzić atak.

Girò sulle zampe posteriori, schioccando i denti e colpendo in tutte le direzioni.

Obrócił się na tylnych nogach, kłapiąc i uderzając we wszystkich kierunkach.

Ai lupi sembrò che la sua difesa non si fosse mai aperta o avesse vacillato.

Dla wilków wyglądało to tak, jakby jego obrona w ogóle się nie otworzyła lub osłabła.

Si voltò e colpì così velocemente che non riuscirono a raggiungerlo alle spalle.

Odwrócił się i ciął tak szybko, że nie mogli się za nim ukryć.

Ciononostante, il loro numero lo costrinse a cedere terreno e a ritirarsi.

Jednakże ich przewaga zmusiła go do ustąpienia i wycofania się.

Superò la piscina e scese nel letto roccioso del torrente.

Minął basen i zszedł w dół, ku kamienistemu korytu strumienia.

Lì si imbatté in un ripido pendio di ghiaia e terra.

Tam natknął się na stromą skarpę żwiru i brudu.

Si è infilato in un angolo scavato durante i vecchi scavi dei minatori.

Wcisnął się w narożnik wykopany przez górników.

Ora, protetto su tre lati, Buck si trovava di fronte solo al lupo frontale.

Chroniony z trzech stron Buck musiał stawić czoła tylko wilkowi z przodu.

Lì rimase in attesa, pronto per la successiva ondata di assalto.

Tam stał w odosobnieniu, gotowy na kolejną falę ataku.

Buck mantenne la posizione con tanta ferocia che i lupi indietreggiarono.

Buck bronił swojej pozycji tak zaciekle, że wilki się wycofały.

Dopo mezz'ora erano sfiniti e visibilmente sconfitti.

Po pół godzinie byli wyczerpani i widocznie pokonani.

Le loro lingue pendevano fuori e le loro zanne bianche brillavano alla luce della luna.

Ich języki były wysunięte, a białe kły błyszczały w świetle księżyca.

Alcuni lupi si sdraiano, con la testa alzata e le orecchie dritte verso Buck.

Niektóre wilki położyły się, podnosząc głowy i nastawiając uszy w stronę Bucka.

Altri rimasero immobili, attenti e osservarono ogni suo movimento.

Inni stali nieruchomo, czujni i obserwowali każdy jego ruch.

Qualcuno si avvicinò alla piscina e bevve l'acqua fredda.

Kilku poszło do basenu i chłeptało zimną wodę.

Poi un lupo grigio, lungo e magro, si fece avanti furtivamente, con passo gentile.

Wtedy jeden długi, chudy, szary wilk delikatnie podkradł się do przodu.

Buck lo riconobbe: era il fratello selvaggio di prima.

Buck rozpoznał go — to był ten sam dziki brat, co wcześniej.

Il lupo grigio uggiolò dolcemente e Buck rispose con un guaito.

Szary wilk zaskomlał cicho, a Buck odpowiedział mu tym samym.

Si toccarono il naso, silenziosamente, senza timore o minaccia.

Dotykali się nosami, cicho, bez groźby czy strachu.

Poi venne un lupo più anziano, scarno e segnato dalle numerose battaglie.

Następnie pojawił się starszy wilk, wychudzony i poznaczony bliznami odniesionymi w wielu bitwach.

Buck cominciò a ringhiare, ma si fermò e annusò il naso del vecchio lupo.

Buck zaczął warczeć, ale zatrzymał się i powąchał nos starego wilka.

Il vecchio si sedette, alzò il naso e ululò alla luna.

Starzec usiadł, podniósł nos i zawył do księżyca.

Il resto del branco si sedette e si unì al lungo ululato.

Reszta watahy usiadła i przyłączyła się do długiego wycia.

E ora la chiamata giunse a Buck, inequivocabile e forte.

I oto Buck usłyszał wezwanie, nieomylne i mocne.

Si sedette, alzò la testa e ululò insieme agli altri.

Usiadł, podniósł głowę i zawył razem z innymi.

Quando l'ululato cessò, Buck uscì dal suo riparo roccioso.

Kiedy wycie ucichło, Buck wyszedł ze swego kamiennego schronienia.

Il branco si strinse attorno a lui, annusando con gentilezza e cautela.

Stado zamknęło się wokół niego, węsząc jednocześnie życzliwie i ostrożnie.

Allora i capi lanciarono un grido e si precipitarono nella foresta.

Wtedy przywódcy wydali okrzyk i pobiegli do lasu.

Gli altri lupi li seguirono, guaendo in coro, selvaggi e veloci nella notte.

Pozostałe wilki podążyły za nimi, wyjąc chórem, dziko i szybko w nocy.

Buck corse con loro, accanto al suo selvaggio fratello, ululando mentre correva.

Buck biegł razem z nimi, obok swego dzikiego brata, wyjąc w trakcie biegu.

Qui la storia di Buck giunge al termine.

Tutaj historia Bucka dobiega końca.

Negli anni a seguire, gli Yeehats notarono degli strani lupi.

W kolejnych latach Yeehatowie zaczęli zauważać dziwne wilki.

Alcuni avevano la testa e il muso marroni e il petto bianco.

Niektóre miały brązowe głowy i pyski, a białe klatki piersiowe.

Ma ancora di più temevano la presenza di una figura spettrale tra i lupi.

Ale jeszcze bardziej bali się widmowej postaci pośród wilków.

Parlavano a bassa voce del Cane Fantasma, il capo del branco.

Szeptem rozmawiali o Psie Duchu, przywódcy stada.

Questo Ghost Dog era più astuto del più audace cacciatore di Yeehat.

Ten Pies Duch był bardziej przebiegły niż najodważniejszy łowca Yeehatów.

Il cane fantasma rubava dagli accampamenti nel cuore dell'inverno e faceva a pezzi le loro trappole.

W środku zimy duchy psów kradły obozy i rozrywały pułapki.

Il cane fantasma uccise i loro cani e sfuggì alle loro frecce senza lasciare traccia.

Duch psa zabił ich psy i uniknął strzał bez śladu.

Perfino i guerrieri più coraggiosi avevano paura di affrontare questo spirito selvaggio.

Nawet ich najdzielniejsi wojownicy bali się stawić czoła temu dzikiemu duchowi.

No, la storia diventa ancora più oscura con il passare degli anni trascorsi nella natura selvaggia.

Nie, historia staje się coraz mroczniejsza, im więcej lat mija na wolności.

Alcuni cacciatori scompaiono e non fanno più ritorno ai loro accampamenti lontani.

Niektórzy myśliwi znikają i nigdy nie wracają do swoich odległych obozów.

Altri vengono trovati con la gola squarciata, uccisi nella neve.

Innych znaleziono zabitych na śniegu, z rozerwanymi gardłami.

Intorno ai loro corpi ci sono delle impronte più grandi di quelle che un lupo potrebbe mai lasciare.

Na ich ciałach widać ślady — większe, niż mógłby zostawić jakikolwiek wilk.

Ogni autunno, gli Yeehats seguono le tracce dell'alce.

Każdej jesieni Yeehats podążają śladami łosia.

Ma evitano una valle perché la paura è scolpita nel profondo del loro cuore.

Jednak unikają jednej doliny, bo strach głęboko zapisał się w ich sercach.

Si dice che la valle sia stata scelta dallo Spirito Maligno come sua dimora.

Mówią, że dolinę tę wybrał Zły Duch na swój dom.

E quando la storia viene raccontata, alcune donne piangono accanto al fuoco.

A gdy opowieść została opowiedziana, niektóre kobiety płakały przy ogniu.

Ma d'estate, c'è un visitatore che giunge in quella valle sacra e silenziosa.

Ale latem do tej spokojnej, świętej doliny przybywa pewien turysta.

Gli Yeehats non lo conoscono e non potrebbero capirlo.

Yeehatowie nie wiedzą o nim i nie są w stanie go zrozumieć.

Il lupo è un animale grandioso, ricoperto di gloria, come nessun altro della sua specie.

Wilk jest wielki, okryty chwałą, jak żaden inny w jego gatunku.

Lui solo attraversa il bosco verde ed entra nella radura della foresta.

On sam wychodzi z zielonego lasu i wchodzi na polanę leśną.

Lì, la polvere dorata contenuta nei sacchi di pelle d'alce si infiltra nel terreno.

Tam złoty pył z worków ze skóry łosia wsiąka w glebę.

L'erba e le foglie vecchie hanno nascosto il giallo del sole.

Trawa i stare liście zasłoniły żółty kolor przed słońcem.

Qui il lupo resta in silenzio, pensando e ricordando.

Tutaj wilk stoi w ciszy, rozmyśla i wspomina.

Urla una volta sola, a lungo e lugubremente, prima di girarsi e andarsene.

Wyje raz — długo i żałośnie — zanim odwraca się, by odejść.

Ma non è sempre solo nella terra del freddo e della neve.

Jednak nie zawsze jest sam w krainie zimna i śniegu.

Quando le lunghe notti invernali scendono sulle valli più basse.

Gdy długie zimowe noce zapadają w dolinach.

Quando i lupi seguono la selvaggina attraverso il chiaro di luna e il gelo.

Kiedy wilki podążają za zwierzyną w świetle księżyca i mrozie.

Poi corre in testa al gruppo, saltando in alto e in modo selvaggio.

Następnie biegnie na czele grupy, skacząc wysoko i dziko.

La sua figura svetta sulle altre, la sua gola risuona di canto.

Jego sylwetka góruje nad pozostałymi, a gardło rozbrzmiewa pieśnią.

È il canto del mondo più giovane, la voce del branco.

To pieśń młodego świata, głos stada.

Canta mentre corre: forte, libero e per sempre selvaggio.

Śpiewa podczas biegu – silny, wolny i wiecznie dziki.

www.ingramcontent.com/pod-product-compliance
Lightning Source LLC
Chambersburg PA
CBHW011729020426
42333CB00024B/2808